期货趋势交易法

李凤雷 著

经济管理出版社

ECONOMY & MANAGEMENT PUBLISHING HOUSE

图书在版编目（CIP）数据

期货趋势交易法/李凤雷著. —北京：经济管理出版社，2018.6（2023.7 重印）
ISBN 978-7-5096-5788-1

Ⅰ. ①期… Ⅱ. ①李… Ⅲ. ①期货交易—基本知识 Ⅳ. ①F830.93

中国版本图书馆 CIP 数据核字（2018）第 091973 号

组稿编辑：勇　生
责任编辑：勇　生　王　聪
责任印制：黄章平
责任校对：董杉珊

出版发行：经济管理出版社
　　　　　（北京市海淀区北蜂窝 8 号中雅大厦 A 座 11 层　100038）
网　　　址：www. E-mp. com. cn
电　　　话：(010) 51915602
印　　　刷：北京晨旭印刷厂
经　　　销：新华书店
开　　　本：720mm×1000mm/16
印　　　张：12.25
字　　　数：213 千字
版　　　次：2018 年 8 月第 1 版　2023 年 7 月第 2 次印刷
书　　　号：ISBN 978-7-5096-5788-1
定　　　价：38.00 元

·版权所有　翻印必究·

凡购本社图书，如有印装错误，由本社读者服务部负责调换。

联系地址：北京阜外月坛北小街 2 号

电话：(010) 68022974　　　邮编：100836

前　言

在期货市场中，可以利用趋势线和拐点线帮助投资者确认期货价格变动的方向和判断买卖的时机。多数投资者都清楚这样一个事实，期货价格的单边趋势形成以后，在趋势方向上交易，获得成功的概率很高。

在实战当中，对于压力和支撑的判断，投资者心中已经绘出自己的那两条线——趋势线和拐点线。按照这两条线提供的压力和支撑，确认交易机会就容易多了。本书就是针对趋势线和拐点线讲解双线买卖的交易方法，为提升投资者的收益提供帮助。

在期货买卖中，很多投资者都苦于没有更好的交易手段，并且没能在行情转变的过程中把握好交易机会，错过了交易机会同时又遭遇了持仓损失。趋势线和拐点线按照价格运行趋势提供的买卖信号，可以帮助投资者顺势交易获取投资收益。任何复杂的期货价格变化，都可以用趋势线和拐点线来研判。绘出两条线的同时，在单边趋势中的压力位判断就容易多了。短线的压力位交易机会都出现在趋势线上，这对于投资者获得利润非常重要。

期货交易的经验表明，发生在趋势中的价格调整和反转形态的出现，都与趋势线和拐点线交易相关联。趋势出现在任何期货图形中，分时图、不同时段的K线图里，趋势线都发挥了巨大的作用。用趋势的观点完成期货的交易动作，至少从交易方向上不会出现明显的失误。

期货价格高波动性和期货投资的高杠杆性特征表明，期货市场的投资环境，除了以短线交易策略应对外，中长期的交易可以适应期货的投资。中长期交易的基础，是投资者掌握了期货价格的运行方向。复杂的趋势都可以用趋势线和拐点线体现，按照趋势交易的策略完成期货买卖过程，投资者可以获得投资成功。

除了讲解趋势线和拐点线，对提升投资者盈利帮助很大的持仓变化、美元指数等内容，都在本书研究范围内。配合书中的价格调整形态、反转形态、典型商品期货趋势分析等内容，充分揭示趋势线和拐点线的买卖过程，提升投资者综合盈利水平。

期货交易是千变万化的，交易的过程更是难以解读的。期货趋势交易法是利用最简便易行的趋势线和拐点线来帮助投资者厘清复杂的市场情况、投资的盈利手法。相信通过本书的学习，多数投资者能够在期货市场中把握好价格变动的趋势和交易时间，从而在趋势交易中稳定获利。

目　录

第一章 趋势线与拐点线

第一节 趋势线的画法

一、上升趋势线的画法

上升趋势线的画法非常简单，只要连接某一时间段内最低点（相对低点也可以）与最高点之前的任意低点，就是上升趋势线。值得一提的是，画出的趋势线不应在期间穿越任何价位，这样才是有效的上升趋势线。

上升趋势线的画法看似简单，只要连接两个不同的价格底部，就能够得到一条向上的趋势线。在实际操作中，投资者要想画出有效的支撑线，还需根据情况尽可能地扩大两个支撑点之间的时间间隔。考虑期货价格不存在冲高回落的反转走势的前提下，根据情况来勾画出相应的上升趋势线。可见，在上升趋势线的画法中，重点是要选准点，把握好价格趋势，这样才能尽可能准确地描述期货价格的波动方式，为投资者在多头趋势中选择操作机会提供帮助。

玉米 1305——日 K 线中上升趋势线如图 1-1 所示。

玉米 1305 的日 K 线当中，该合约的多头趋势还是非常明显的。图中显示，玉米价格从底部的 1440 元/吨持续回升。经过长达 3 年多时间，玉米价格已经达到了最高点 2505 元/吨。如果用上升趋势线来描述玉米价格的多头行情，图中最低点 1440 元/吨可以作为起始点，而最高点之前的底部 2148 元/吨可以作为上升趋势线的另一个重要支撑点。连接这两个点的话，就构成了玉米 1305 合约的上升趋势的支撑线。

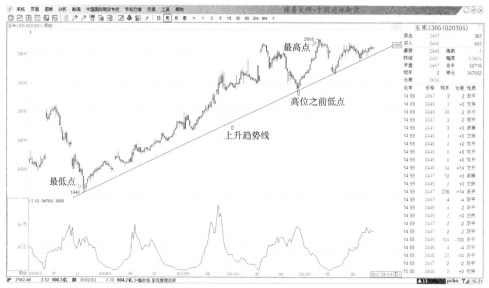

图1-1　玉米1305——日K线中上升趋势线

从玉米价格波动看，只要玉米价格没有跌破这条长期回升的趋势线，那么多头行情就可能得到延续。操作中，投资者可以根据这条支撑线来作为开多单的依据，而玉米价格在冲高回落过程中，投资者又可以将上升趋势线作为期货价格最终的调整目标位。如此一来，长时间在价格高位和上升趋势线之间做买涨和做空操作，便可以获得不错的投机回报。

考虑到这条上升趋势线的两个支撑点之间相距长达三年之久，即便玉米价格进入调整走势，也不可能轻易跌破该多头趋势线。根据这条多头趋势线判断买涨的起点和做空的终点，显然能够获得非常大的成功。

豆粕1305——双顶反转中的上升趋势线如图1-2所示。

豆粕1305的牛市行情中，价格持续回升的时候出现两个明显的底部。图中显示，连接最低点2771元/吨与最高位之前的低点后，豆粕1305合约的上升趋势的支撑线就已经完成了。如果豆粕价格沿着支撑线持续上扬的话，投资者可以在支撑线附近开多单，以便在豆粕价格回升的时候高位平仓获利。

在多头趋势中，豆粕价格的支撑线为何要选择在最高价之前的低点，而不是价格之后的低点呢？考虑到豆粕1305合约已经在多头行情中完成了左顶和右顶两个顶部形态，这种上升趋势线的画法没有任何问题。跌破上升趋势线后，豆粕的下跌趋势将会得到延续，这个时候，如果以豆粕最高价以后的低点和前期价格

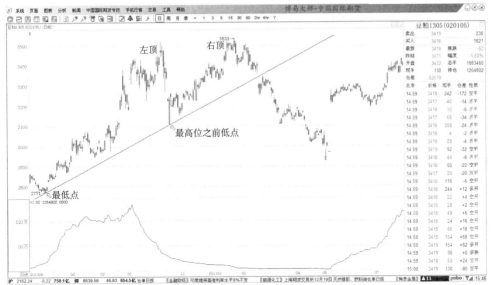

图1-2　豆粕1305——双顶反转中的上升趋势线

低点做出一条上升趋势线，那么投资者将会在空头趋势中损失惨重了。豆粕价格本身已经完成双顶形态，那么跌破前期确认的上升趋势线已经成为既定的事实。根据前期上升趋势线判断豆粕价格跌破趋势线的位置，才是正确的做法。

　　一旦豆粕价格跌破上升趋势线，那么投资者在操作方向上必然应该考虑持续做空。做空的过程中可以画出新的下降趋势中的趋势线，以便选择恰当的买涨和做空价位。

要点提示

　　要画出一条上升趋势线，两个底部价位就能够做到。而确认上升趋势线的有效性，却需要三个底部才行。也就是说，两个不同的底部价位之间应该存在一个底部，这样确认的上升趋势线才会更加有效。被测试过多次的上升趋势线，更容易成为有效的支撑线。而趋势线如果特别陡峭，则多头趋势不一定能够长时间延续。非常陡峭的上升趋势线，很可能是多方高位拉高做空的一种手段，却不是期货价格持续看涨的支撑线。

二、下降趋势线的画法

　　下降趋势线的画法与上升趋势线相似，投资者只要连接某一时间段内最高点

（相对高点也可）与最低点之前的任意高点，就是下降趋势线。同样，下跌趋势线也不应在期间穿越任何价位，这才是有效的下降趋势线。

白糖 1305——日 K 线中的下降趋势线如图 1-3 所示。

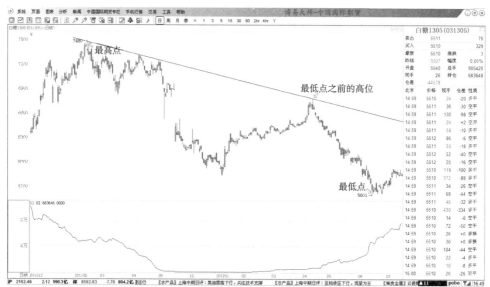

图 1-3　白糖 1305——日 K 线中的下降趋势线

白糖 1305 合约的空头趋势中，白糖价格从高位的 7480 元/吨一路走跌。在长达几乎两年的时间里，白糖价格大幅度回落至最低点 5601 元/吨后再次出现短线反弹走势。从期货价格波动方向来看，毫无疑问是向下的。如果以高位的 7480 元/吨作为下跌趋势线的起点，那么接下来的最低价 5601 元/吨以前的高位 6776 元/吨就可以作为下跌趋势线的另一个高位。连接白糖价格的两个高位就形成了一条下跌趋势线。

下降趋势线在白糖 1305 合约下跌过程中，压力效果还是非常强的。白糖价格持续走低的过程中，虽然短时间反弹强劲，却不敌压力线附近的强势做空压力。这表明，在间隔时间长达 1 年零 2 个月的时间里确认的下跌趋势线，对白糖价格的压制效果还是非常好的。

螺纹 1305——双底反转中的下降趋势线如图 1-4 所示。

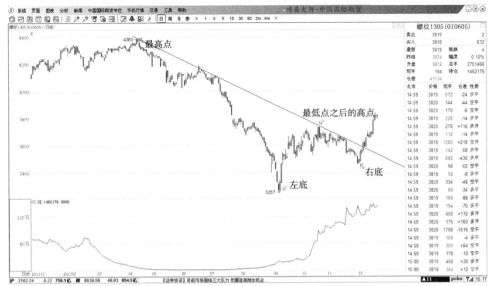

图1-4　螺纹1305——双底反转中的下降趋势线

在空头趋势中形成的下跌趋势线，起始点设定在高位的4383元/吨的顶部，而最低点并不是设定在最低价之前的高位，而是最低价之后的价格高位。为什么要这样设定呢？这与螺纹1305合约的双底反弹走势有关。螺纹1305合约在见底最低价3257元/吨后出现了强势反弹的情况。螺纹钢价格不仅出现了起始于最低价3257元/吨的反弹，还在短线见顶回落后再次出现了反弹的情况。这表明，螺纹钢价格有望突破前期明显的下跌趋势。在判断螺纹钢博得发方向的趋势线的画法上，投资者也应该做进一步的调整。

在螺纹钢的下跌趋势中，投资者选择下跌趋势线的起始点上，可以是投资高位的4383元/吨，而螺纹钢下跌过程中的第二个高位，应该设定在最低价格之后的反弹高位，而不是最低价之前的价格高位，这样画出来的下跌趋势线才会更有意义。

要点提示

下跌趋势线持续时间越长，期货价格出现反弹回落的次数越多，表明下跌趋势线更有效果。实战表明，在空头趋势中出现的下跌趋势线，如果被期货价格的反弹走势轻松突破，那么说明下跌趋势线已经失去压制效果。或者说，之前的下降趋势线并非有效的趋势线，需要调整之后才能适应买卖操作。

在有效趋势线的画法中，下跌趋势线的两个价格高位或者上升趋势线的两个价格低点，应该相距一定的距离才行。如果被连接的两个价位相隔时间过短，得到的趋势线也不会太准确。实际上，比较有效的趋势线的形成，是需要足够的时间的。相隔一两个月时间里的价格高位或者低点，连接得到的趋势线运用效果并不会很理想。

橡胶 1305——无效下跌趋势线如图 1-5 所示。

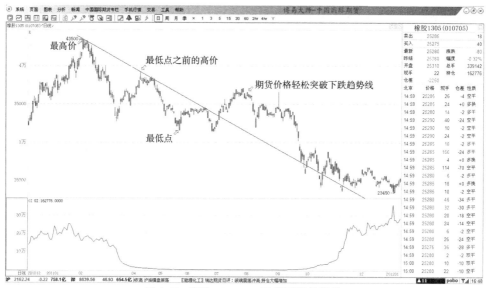

图 1-5　橡胶 1305——无效下跌趋势线

橡胶 1305 合约在 2011 年的空头趋势中持续下跌过程中，高位确定的下跌趋势线并未对该合约形成有效压制。从图中来看，确定下跌趋势线的最高价和选择的最低点之前的高价，相隔仅为两个月。连接这两个价格高位确定的下跌趋势线，对期货价格的压制仅仅持续到 2011 年 6 月底。从 2011 年 7 月开始，橡胶 1305 合约快速突破了下跌趋势线，看似已经明显走出了空头趋势，实际上是下跌趋势线压制效果不足，期货价格反弹力度较大，自然能够突破下跌压力线。

在下跌趋势线的画法上，只有选择比较合理的两个价格高位，才能够得到有效的下跌趋势线。如果下跌趋势线的两个价格高位相隔时间比较近，即便能够得到一条下跌趋势线，也只能在短时间内起到作用。从期货价格空头趋势的大行情看，不可能发挥长期的压制效果。

第二节　拐点和拐点线的画法

一、上升拐点的画法

从通道理论来看，价格波动过程中的任何一个趋势中，可以看作期货价格波动范围被限定在一个比较小的通道内。既然价格波动被限定在两条平行线之间，那么投资者在把握价格反转点的时候，则不得不关注拐点的存在。

拐点：拐点是指下跌趋势和上升趋势的分界点。换句话说，就是价位运行过程中与外延线的平行线（拐点线）将要接触或者接触的点。这里所说的外延伸线，在多头趋势中期货价格回落的外延线，通常指的是上升趋势线确认以后期货价格短线高位回落出现的拐点线。

拐点和拐点线的画法上，应遵循要找上、先画下，要找下、先画上的原则。也就是说，处于上升趋势中的期货合约，投资者要想找到价格高位的拐点，首先必须确认下方的拐点线。当然，如果打算找到价格低点的拐点，必然首先找到价格高位的拐点线才行。将找到的拐点线移动到相应的位置，就能够找到拐点了。

玉米1305——多头趋势中高位拐点判断如图1-6所示。

玉米1305合约的日K线中，该合约从2008年底到2010年初的走势显然是牛市行情。玉米价格在上升趋势中持续回升的时候，投资者短线操作的方向可以高位做空，也可以低点买涨。对于那些打算在价格高位做空的投资者来讲，判断玉米价格的高位拐点，显然是必经之路。考虑到玉米价格持续回升的上升趋势中，下方外延线其实很好确认，那么平行移动这根外延线，到图中前期价格高位重合的位置，就得到了期货价格短线冲高过程中的拐点了。

外延线经过平行移动，首先与前期价格高位重合，这样新的拐点线得到确认。新的高位拐点线与之后玉米价格重合之处，就是玉米价格短线见顶回落的做空位置。

从本例来看，确定多头趋势中期货价格的高位做空位置，其实并不困难。只要投资者把握好外延线的移动规律，自然能够抓住玉米价格高位的最佳做空时机。

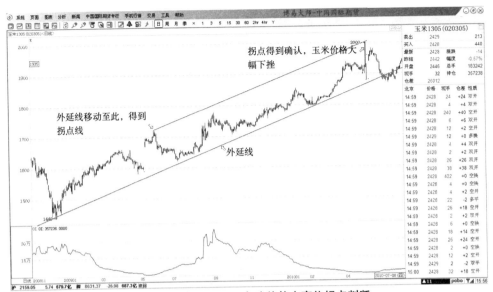

图 1-6 玉米 1305——多头趋势中高位拐点判断

橡胶 1305——多头趋势中的低位拐点判断如图 1-7 所示。

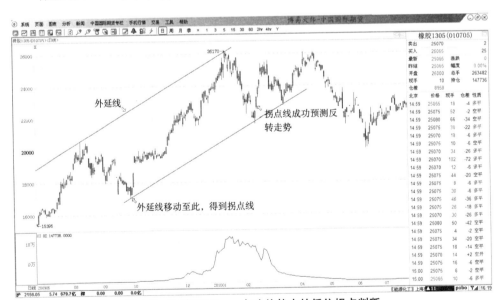

图 1-7 橡胶 1305——多头趋势中的低位拐点判断

橡胶 1305 合约的日 K 线中，橡胶价格在 2009 年到 2010 年 1 月的一年多时间里，始终延续着多头趋势。橡胶价格持续上行的过程中，做多的投资者已经获得了不错的回报。但是，在橡胶价格高位回调的时候，场外投资者并未忘记在价格下跌到一定程度的时候开仓买入期货合约。在买入该合约之前，显然投资者需要准确判断橡胶期货的折返点位。

图1-7显示，如果平行移动外延线到价格低点，相应的后期橡胶1305元/吨的价格拐点就得到了确认。外延线经过平行移动后，能够与后期价格的下方相连，并且构成了价格的反弹位置。把握好这价格和拐点线的重合点，投资者做多就比较轻松了。从之后的橡胶价格走势看，橡胶1305合约恰好在拐点上轻松反弹，能够第一时间把握买点的投资者已经获得高额回报。

二、下降拐点的画法

关于拐点的定义，下降趋势与上升趋势是相似的，都是下跌趋势和上升趋势的分界点。

在画法上，下降趋势中的拐点也需要首先确认拐点线，然后才能找出对应的拐点。也就是说，在"要找上、先画下，要找下、先画上"的原则指引下，投资者要想确认下降趋势中期货价格底部的拐点，还需首先找到上方的拐点线，然后将拐点线平移到相应的位置就能够得到想要的拐点。期货价格上方的拐点的确认，必须先找到下方的拐点线，对拐点线进行相应的平移就能够得到相应的拐点了。

棕榈1305——空头趋势中的低位拐点判断如图1-8所示。

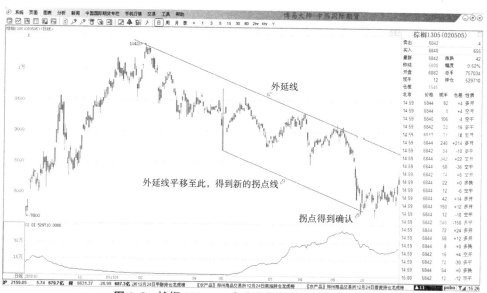

图1-8 棕榈1305——空头趋势中的低位拐点判断

棕榈 1305 合约日 K 线显示，从高位的 10410 元/吨的高位回落后，跌势始终在长达一年的时间里延续着，表明棕榈油价格的跌势还是很大的。至少从当前来看，买卖棕榈 1305 合约的投资者，显然应该在空头行情中操作了。

在空头趋势明确的情况下，投资者操作棕榈 1305 合约，显然不仅要把握好合约的高位做空机会，还需要关注期货合约下跌过程中的空单止盈信号。高位做空的机会并不难把握，而棕榈价格超跌后的短线反弹走势的拐点判断，可以使用外延线向下平移的方式找到。

从图 1-8 来看，投资者如果想要判断棕榈价格回落过程中的空单止盈机会，可以在平移过的拐点线上找到。图中外延线平移到与前期棕榈价格反弹的价位重合的地方，就得到了拐点线。而拐点线将要与持续下挫的棕榈价格重合的价位，就是相应的买点（空单平仓位置）所处的价位了。

棉花 1305——空头趋势中的高位拐点判断如图 1-9 所示。

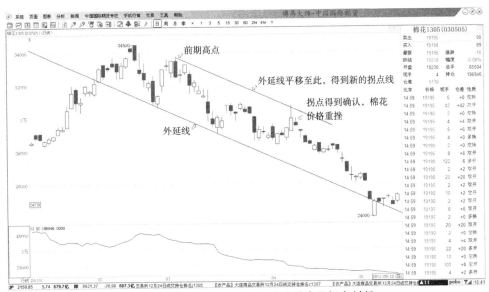

图 1-9　棉花 1305——空头趋势中的高位拐点判断

棉花 1305 合约空头趋势中，价格持续下跌过程中总会出现反弹走势。判断棉花 1305 合约反弹高位的做空时机，可以先将下方的外延线平行移动到棉花价格高位与"前期高点"重合的地方，就得到了空头趋势中棉花价格高位的拐点线。在棉花价格回落的过程中，再次出现的价格高位卖点，必然在棉花价格反弹并且接近拐点线的那一刻出现。

从后期棉花 1305 合约的空头行情看，该合约正是在反弹并且接近拐点线的那一刻开始了加速杀跌的走势。从空头趋势中选择比较好的做空机会来看，图 1-9 中拐点线与棉花价格重合的地方，就是理想的做空机会。实战当中，这样的理想卖点并不容易把握。但是，只要棉花价格能够靠近上方的拐点线，即便没有达到这一高度，投资者同样可以用少量资金提前做空。考虑到棉花价格的空头趋势还是很大的，一旦开始做空，价格回落时必然获得不错的回报。

要点提示

实战期货交易中，使用外延线的延伸来寻找拐点线，并且抓住最佳的拐点以便进行期货买卖操作。这个时候，如果期货价格已经在发生拐点之前突破了拐点线，很可能意味着趋势在向纵深方向反转，或者说趋势已经出现逆转。根据拐点线来判断操作方向的时候，一定是在期货价格未突破拐点线，并且靠近拐点线的那一刻开始的。在期货价格靠近拐点之前操之过急地进行买卖，往往不能达到预期目标。但如果在期货价格真正突破了拐点后还将拐点看作操作机会，也是错误的。

第三节　趋势的确认方法

一、上升趋势确认

1. 下降趋势的结束信号

下降趋势结束的信号，可以使用拐点线和下跌趋势线来判断。那么，处于空头趋势中的期货价格，究竟会在何时结束空头趋势呢，当然是在期货价格突破拐点线和下跌趋势线以后了。

实际上，下降趋势线和拐点线虽然都限制了股价的反弹上涨，但实际的位置不太一样。考虑到拐点线和下降趋势线的角度不同，股价最先突破哪一条线，还是不确定的。但是，只要空头趋势结束，唯一的信号是期货价格有效突破这两条线才行。处于空头趋势中的期货价格，同时突破下跌趋势线和拐点线的时刻，才是上升趋势结束的信号。

那么，是不是期货价格同时突破了拐点线和下跌趋势线，期货价格就会进入到多头趋势呢，其实也不是这样的。如果期货价格突破了拐点线和下跌趋势线后，并且稳定上涨的时候突破前期价格高位，那将是多头趋势确认的信号。否则，突破拐点线以及趋势线的期货价格，如果冲高回落并且在高位和低点价格之间震荡的话，显然是整理走势了。

白糖1305——空头趋势中的突破信号如图1-10所示。

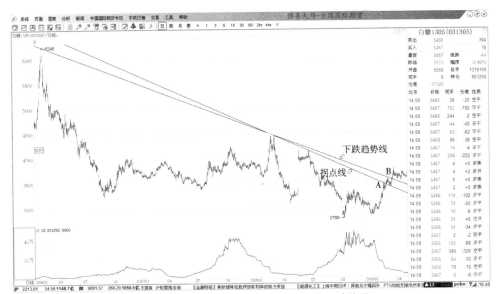

图1-10 白糖1305——空头趋势中的突破信号

白糖1305合约空头趋势持续时间较长，白糖价格大幅度下挫的时候，图中价格突破A、B两个位置时，显然是趋势反转的信号。图1-10中显示，白糖期货在图中的A位置轻松突破了拐点线，显然是空头趋势出现逆转的信号。不过，价格仅仅突破拐点线，还不足以说明白糖价格的空头趋势结束。在接下来的交易日中，白糖1305合约继续反弹并且在图中的B位置突破了下降趋势线，显然是空头趋势结束的信号了。

在白糖价格持续下挫的过程中，期货价格在反弹幅度足够高，说明多方力量强劲增长。在不足一个月的交易日中，白糖价格先后出现向上的突破走势，表明这种多头行情值得肯定。一般来看，白糖期货的这种反弹并且突破了拐点线和下降趋势线的走势，是多头趋势来临的信号。投资者应该把握好买点，获得投资回报。

2. 横向整理走势

在空头趋势中，期货价格反向突破下跌趋势线并且同时突破了拐点线，意味着空头趋势就此结束。而如果期货价格并未在突破两条线后持续回升，虽然不是失败的突破，上升趋势却没有真正形成。期货价格可以在空头趋势中的价格低点和价格高位之间频繁波动，形成横向整理的走势。期货价格横向整理的走势，并非是投资者有效的做多机会。在新的多头趋势还未形成之前，投资者可以在横向波动的走势中做些短线操作，同样能够获利。

棉花1305——空头趋势中突破后的横盘走势如图1-11所示。

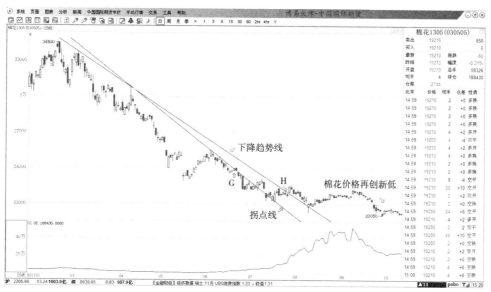

图1-11 棉花1305——空头趋势中突破后的横盘走势

棉花1305在持续回落的过程中，出现了图中G、H两个位置的突破信号。从G、H这两个位置开始，下跌趋势显然出现了结束的情况。但是，如果投资者在棉花价格在G维持突破拐点线，并且在H位置突破下降趋势线后开始做多，显然会遭受损失。

事实上，棉花价格在突破了下降趋势线后，并非短时间内就能进入多头趋势中，而是在横向波动过程中再创新低。当棉花价格继续回落的时候，投资者不会想到，该合约距离真正回升还有很长一段时间。

或者说，棉花 1305 合约还未真正脱离空头趋势，投资者在棉花价格突破拐点线和下降趋势线后，还需谨慎对待即将出现的买涨机会。棉花价格的横盘运行很可能是价格突破拐点线和下降趋势线后重要的运行趋势，这一点不容忽视。

棉花 1305——9 个月的横向走势如图 1-12 所示。

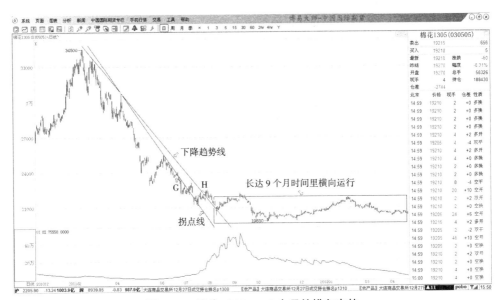

图 1-12　棉花 1305——9 个月的横向走势

棉花 1305 合约的空头趋势中，期货价格在长达 9 个月的时间里延续横盘走势，表明前期价格突破拐点线和下降趋势线后，多头趋势并未在短时间内形成。也就是说，棉花 1305 合约看似已经摆脱了空头趋势，却并未进入多头行情当中。从这个角度来分析，投资者的追涨机会显然并未真正到来。从获利的角度看，投资者可以在这个时候不要去盲目追涨，以免遭受损失。棉花价格横盘运行期间，最佳的做法还是轻仓，等待棉花价格真正开始回升走势后再考虑加仓。

3. 上升趋势的确认

上升趋势的形成有一个过程，首先期货价格必须从空头趋势中脱离出来，并且接下来的期货价格应该轻松突破价格高位，实现持续的回升才行。

从空头趋势中脱离，要求期货价格必须反向突破拐点线和下跌趋势线。在突破这两条线以后，期货价格还必须继续上涨并且突破期货价格下跌过程中的短线高位。接下来的时间里，期货价格应该在多头趋势中持续震荡回升，并且创造多头趋势中新的价格高位。如此一来，期货价格的上升趋势才算是顺利完成。

白糖 1305——空头趋势中突破后的多头趋势如图 1-13 所示。

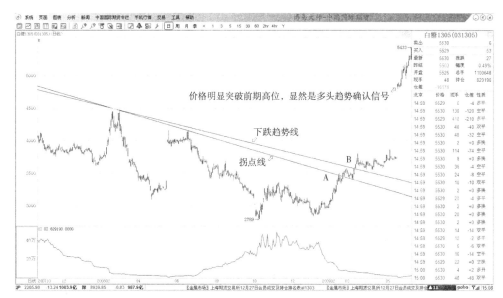

图 1-13　白糖 1305——空头趋势中突破后的多头趋势

白糖 1305 合约的日 K 线中，自从价格在 A、B 两个位置分别突破了拐点线和下跌趋势线后，多头趋势就已经很快形成。图中显示，白糖价格快速突破前期高位后，该合约的价格已经高达 4500 元/吨以上。也许图中 A、B 两个位置的价格突破还不能说多头趋势已经形成，而一旦白糖价格突破了前期价格高位并且持续回升的时候，显然是该合约多头行情出现的信号。排除了白糖价格突破拐点线和下跌趋势线后横盘调整走势，白糖价格持续上扬的时候，显然是上升趋势形成的时候。

二、下降趋势确认

1. 上升趋势的结束信号

PTA1305——价格跌破拐点线和支撑线如图 1-14 所示。

PTA1305 合约的日 K 线中，价格在多头趋势运行过程中，出现了跌破拐点线和上升趋势线的情况，显然已经成为投资者不错的做空机会。图 1-14 中显示，随着股价在 E、F 两个位置分别跌破了拐点线和支撑线，PTA1305 合约的多头趋

图 1-14　PTA1305——价格跌破拐点线和支撑线

势显然已经结束了。在实战操作中，在 PTA 结束多头趋势以后，如果价格并未跌破前期低点，还不能说空头趋势出现。在 PTA1305 合约跌破前期低点之前，该合约有可能会形成横向波动的情况，这也是值得关注的问题。

2. 下降趋势的确认

PTA1305——价格跌破前期低点如图 1-15 所示。

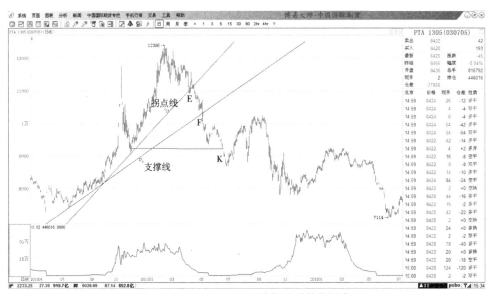

图 1-15　PTA1305——价格跌破前期低点

PTA1305 合约的空头趋势出现在价格跌破前期低点的那一刻，图中显示，PTA1305 合约在图中的 K 位置最终跌破了价格低点，显然是空头趋势加速形成的信号。该合约并未在结束多头趋势后开始横向调整走势，而是在空头趋势中持续回落，并且一举跌破了价格低点，开始了 PTA 价格的下跌行情。

判断 PTA 合约在运行趋势的操作中，在趋势形成后开始考虑新的操作方向，是比较好的选择。实战当中，价格波动具有很强的反复性，投资者买卖合约的方向既受制于价格的波动趋势，也与短期内价格运行方向有关。期货价格的运行趋势大小不同、方向不确定，因此投资者要选择较好的操作点和买卖方向，其实并非那么容易。

要点提示

在判断期货价格多空趋势的过程中，价格突破趋势线和拐点线，是趋势逆转前的必然选择。即便期货价格真的突破了这两条线，要想形成新的价格趋势，也是需要时间的。不同趋势之间的逆转总是在期货价格不断调整中实现。对于新的期货价格趋势的形成过程，投资者需要耐心等待才行。一旦真正的趋势形成，投资者再考虑反向买卖期货合约，便可获得不错的投资回报。

第四节　趋势线、拐点线的买卖实例

一、下降趋势线卖点

橡胶 1309——P、Q 两点确认空头趋势如图 1-16。

橡胶 1309 合约空头趋势中，P、Q 两个位置是确认空头趋势线的终点位。在橡胶价格大幅回落的过程中，投资者可以在橡胶价格回调下跌趋势线 P、Q 的过程中做空，还是可以获得不错回报的。考虑到 P、Q 两点之间相距 18 个月，这对于下跌趋势的意义不同寻常。橡胶价格没能顺利突破 P、Q 所确认的趋势线之前，投资者可以尽可能地做空，以便获得投资回报。

橡胶 1309——趋势线上的做空机会如图 1-17 所示。

图 1-16　橡胶 1309——P、Q 两点确认空头趋势

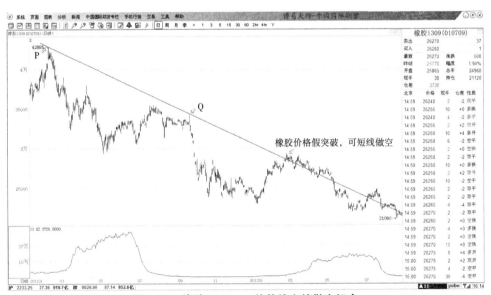

图 1-17　橡胶 1309——趋势线上的做空机会

　　橡胶 1309 合约空头趋势中的跌幅有扩大之势。在橡胶价格重新反弹至下跌趋势线后，投资者依然可以在这个时候考虑做空操作。橡胶期货 1309 合约短线回升至下跌趋势线的时候，并不是说该合约已经顺利突破了下跌趋势线，只是从橡胶期货的下跌趋势来分析，该合约的下跌节奏出现了一些微妙的变化。前期

P、Q 两个位置确认的下跌趋势线，对橡胶期货的压制效果依然存在。这样一来，投资者考虑在橡胶价格回升至 P、Q 对应的趋势线之前做空，还是非常不错的做法。

二、上升趋势线买点

橡胶 1309——S、T 确认的多头趋势如图 1-18 所示。

图 1-18　橡胶 1309——S、T 确认的多头趋势

橡胶 1309 合约多头趋势中，S、T 两个位置确认了该合约的多头行情。从图中来看，期货价格从图中的 S、T 两个位置为支撑的多头行情持续运行。后市来看，一旦橡胶 1309 合约短线回调至该支撑线，那么相应的做多时机就会同时出现。从后市来看，上升趋势线无疑为投资者提供了不错的买点，通过相隔时间为 7 个月的 S、T 两个时点的上升趋势线，对橡胶期货的支撑效果还是非常好的。后市来看，投资者应该考虑在橡胶期货回调之时重仓出击，买涨获得多头趋势中的利润。

橡胶 1309——跳空下跌的做多时机如图 1-19 所示。

橡胶 1309 合约日 K 线图中显示，虽然价格上已经出现了明显跌破 S、T 趋势线的情况，但是这种突破显然是假突破走势。随着橡胶期货的继续企稳回升，瞬间跌破下跌趋势线成为重要的反转点。S、T 两个价位确认的趋势线依然有效，投资者在图中橡胶价格重新回升的时候做多，是非常理想的买点。

橡胶 1309——橡胶挑战 43000 元/吨高位如图 1-20 所示。

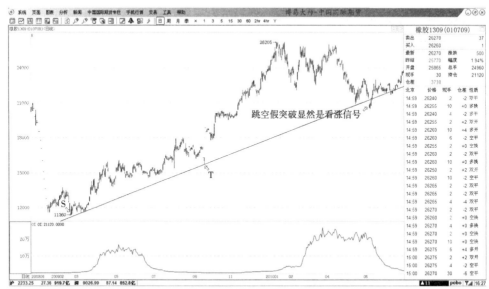

图 1-19　橡胶 1309——跳空下跌的做多时机

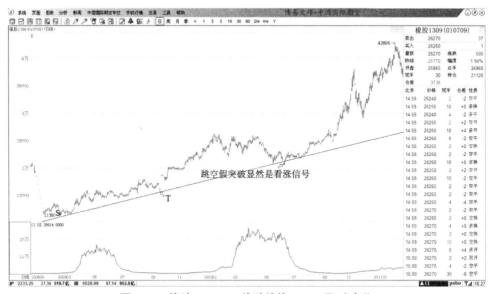

图 1-20　橡胶 1309——橡胶挑战 43000 元/吨高位

橡胶 1309 合约的日 K 线中，该合约在前期止跌回升后，多头趋势已经非常明显了。前期橡胶价格虽然短线瞬间跌破了上升趋势线，显然是主力为了诱空打压期货价格的结果，事实上，接下来的橡胶期货持续震荡回升的时候，多头趋势已经非常明显。考虑到前期S、T这条多头趋势中的支撑线，S、T两点相距时间长达半年之久，确认的支撑线必然具备良好的支撑效果，橡胶价格在长期回升趋势中延续，投资者把握好买点自然会获得不错的投资回报。

三、下降趋势确认后的卖点

PTA1305——反弹高位 L 的做空机会如图 1-21 所示。

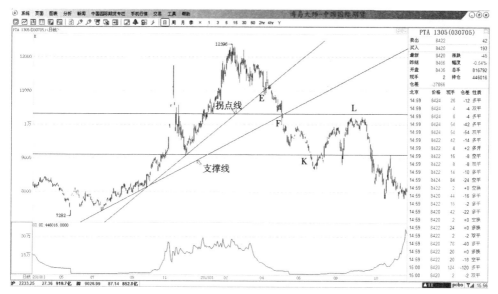

图 1-21　PTA1305——反弹高位 L 的做空机会

PTA1305 合约上升趋势转换为下降趋势的过程中，PTA 价格分别在图中的E、F 两个位置分别跌破了拐点线和支撑线。在 PTA 上升趋势结束以后，PTA 价格继续在图中 K 位置跌破了前期价格低点，显然是下跌趋势确认的信号。既然PTA 的下跌趋势已经得到确认，那么该合约短线反弹至高位 L 的时候，显然是不错的卖点。PTA 在前期跌破了 F 位置后，显示这个位置的反弹后必然对做空压力很大，PTA 自然会在图中的 L 位置出现回落走势了。而接下来图中的 PTA 价格快速杀跌并且随之跌破了前期的 K 位置后，表明 PTA 下跌趋势再次得到确认。

PTA1305——反弹高位 M 的做空机会如图 1-22 所示。

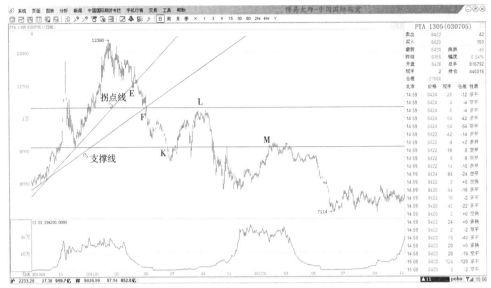

图 1-22　PTA1305——反弹高位 M 的做空机会

PTA1305 合约的日 K 线当中，当 PTA 价格跌破了前期低点 K 后，该合约短线反弹的过程中达到了图中的 M 点，显然也是不错的做空机会。前期 PTA 合约跌破了 K 对应的价格底部，那么这一价位上的做空压力很大，PTA 价格在 M 位置出现第二次加速杀跌的情况，说明我们的判断是非常正确的。PTA 期货合约的下跌趋势还将延续，直到该合约真正突破下跌趋势线和拐点线为止。

要点提示

期货价格形成单一的运行趋势或者说出现趋势转换的时候，投资者的操作方向应该出现改变。单一趋势中，期货价格的运行方向已经固定下来，不可能轻易转变方向，这个时候正是投资者单边操盘的机会。在单边趋势中，趋势线或者是拐点线附近，会出现非常明显的压力或者支持，是投资者短线买卖的可选价位。单边趋势向反向波动趋势转换的过程中，投资者的操作方向应该做出相应的调整。顺应期货价格波动方向的操作，总能够得到较好的投机效果。事实上，趋势线就像无形的手，控制着期货价格的波动方向。不管期货价格因为什么出现变化，在趋势上表现出来的波动特征不会改变。投资者根据趋势线和拐点线把握操作方向，其实更容易获利。

第二章　支撑趋势交易的理论基础

第一节　波浪理论简介

波浪理论是一种价格不断变化的理论，表明期货价格按照波浪形态和波浪周期运行。通过波浪理论的分析，投资者能够发现价格波动的过程是可以重复和再现的。任何一个期货品种的涨跌情况，都可以使用波浪理论来衡量。波浪理论认为，期货价格的上涨会经历三波上涨和两波下跌走势。而期货价格下跌的空头趋势会经历两波段下跌与一个波段的上涨走势。完整的八浪循环过程，包括期货价格的上涨五浪和下跌三浪。

既然艾略特波浪理论能够用简单的八浪循环概括期货价格的完整多空趋势，那么在实战当中，投资者也可以根据艾略特理论划分期货价格的波动形态，来得出想要的操作信号。艾略特波浪理论的形态简单，划分期货价格的方法也并不复杂，是投资者判断期货价格波动趋势，以及把握期货价格运行的重大行情的有力工具。准确掌握艾略特波浪理论的投资者，最终将能娴熟地把握期货价格的波动方向，并且在不同的趋势中获得比较理想的收益。

实战当中，投资者使用艾略特理论的难点，在于把握价格运行中各浪的规模，以及不同规模浪的转换。波浪理论所说八浪循环是期货价格运行过程中完成的趋势，在整个八浪循环中，更小规模的浪会穿插其中。规模大的浪中有更小的浪，而不同的小浪组合成八浪循环，成为一个较大的浪。这就要求投资者尽可能地选择较大规模的浪操作期货价格，才能更好地获得利润。

这样，本章所列的关于八浪的规模与"浪中八浪"、单边趋势中的八浪和八浪循环中的单边趋势，都是对投资者获利很有帮助的。八浪的规模较大的时候，投资者更容易在各浪循环中发现操作机会。更小的八浪循环，即便有获利机会出现，获利程度也不会很高。因此，掌握大规模的八浪形态，是投资者获利的根本。而期货价格的八浪循环出现在单边趋势中，总能为投资者提供不错的盈利机会。八浪循环中一个浪的持续时间可能会很长，投资者可以在一个波浪的运行中获得单边趋势中的收益，这都是本章研究的重点。

第二节 波浪理论的八浪循环

一、八浪组合

期货价格的走势虽然复杂多变，价格波动性又比较强，但终究会沿着八浪循环的形态运行。投资者判断期货价格运行趋势的时候，可以根据八浪循环的形态特征，主动区分价格处于八浪中的何种阶段，从而为今后的获利做好准备。在使用八浪循环形态之前，投资者应该首先明确八浪之间各浪的关系，以及各浪走势的重要特征。这样才能更好地把握期货价格的八浪循环趋势，理解单边趋势的八浪循环和八浪循环中的单边趋势。

期货价格从多头上涨趋势到空头下跌趋势转换的过程中，八浪循环一直贯穿始终。在多头趋势中八浪循环中的前五浪，是牛市行情中的五浪，也是投资者做多获利的重要时机。而空头趋势中的三浪，则是投资者做空获利的时机。

在八浪循环理论中，前五浪虽然是多头趋势中的五浪，却存在着推动浪和调整浪的区别。二八浪循环中的后三浪是空头趋势中的三浪，也存在回调浪和推动浪。八浪循环的前五浪中，第一浪、第三浪和第五浪，是推动价格上涨的重要三浪，也是买涨获利的重要机会。而期间的第二浪和第四浪，则是对一浪、三浪的调整，是投资者短线做空的机会。如果投资者并不在意在调整浪中遭受损失，可以在持有多单以后，等待期货价格完成五浪的拉升，再考虑平仓获利。八浪循环中的第六浪、第七浪和第八浪，是空头趋势中的三个浪，第六浪和第八浪是推动价格下挫的浪，投资者可以在这个时候做空获利，而第七浪则是对第六浪的调整，投资者要想在这个阶段做空获利，可以忽略第七浪的调整，而直接持有空单不断获得期货价格下跌带来的利润。

在八浪循环的波浪理论中，投资者既可以在每一个浪出现的时候开仓获利，又能够在期货价格波浪转换的多头趋势或者空头趋势中开仓，不论如何，都能获得不错的投资回报。在单边趋势中出现各浪的转换。

白糖1309——八浪循环如图2-1所示。

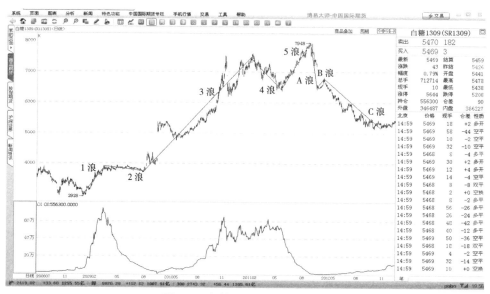

图2-1　白糖1309——八浪循环

白糖1309合约的日K线八浪循环形态持续时间长达四年之久。从图中的2008年底白糖价格开始回落以来，糖价经历了多头趋势中的五浪以及空头行情中的（A、B、C）三浪。从图中八浪走势看，期货价格非常重要的上涨趋势出现在3浪阶段，1浪和5浪的上涨幅度都不是很大，却也构成了多条趋势中的重要推动浪。而接下来的A、B、C三个浪的出现，彻底改变了糖价不断回升的大趋势。1浪到5浪的价格趋势显然为投资者买涨提供了长期的机会。不管投资者在调仓的过程中买入期货合约，还是在长时间内持有多单，都是可以获得不错的回报。而告别八浪循环中的前五浪以后，A浪到C浪的单边下跌趋势中，是非常重要的做空时段。行情的转变是很快的，也许很多投资者还不曾意料到价格在5浪见顶，但必须知道B浪的做空信号，否则将会在C浪下跌的大趋势中遭受损失。

八浪循环的形态就是这样的，价格运行过程中各浪在不断转换，投资者把握好价格运行的大趋势，任何一个浪都是盈利的时段。

二、各浪特征

1浪：作为期货价格上涨的首个推动浪，第1浪的出现不可能完全改变投资者对看空态度。这样，期货价格的第一浪拉升中，一般会在涨幅过大之后二次回调。1浪中，期货价格上涨空间是有限的，但是对恢复看涨投资者的信心很有帮助。在期货价格的1浪回升走势完成以后，期货价格的短线回调走势，已经为场外投资者做多提供了低吸的机会。在1浪反转走势中，并未抓住买点的投资者，会在期货价格短线回调的时候开仓做多，这对今后期货价格的再次回升有很大影响。

2浪：第1浪可以说是期货价格多头趋势的开端，第2浪则是首个下跌的回调浪。虽然第2浪是回调浪，看作投资者不必过分看空后市。在第1浪的回升走势完成后，多方信心已经大幅提高，价格的回落只会给场外打算做多的投资者更低的价位买涨。期货价格即便在2浪中高位回落，也不会跌破1浪的起始点。当期货价格调整到位以后，多方会重新掌控价格趋势。在期货价格重新企稳以后，投资者可以继续获得买涨利润。

3浪：多头趋势中的一个主升浪就是第3浪，该浪是在2浪调整的过程中出现的，是反弹后形成的爆发性很强的拉升浪。第3浪中，期货价格经常以跳空的方式向上飙升，投资者可以持仓获得比较高的利润。第3浪中，期货价格上涨幅度很大，并且极有可能以复杂的复合浪的形式上涨，如果事实真是如此，那么买涨投资者获利空间就会大幅度提高。

4浪：第4浪是第2浪后的又一个调整浪，是对暴涨的期货价格的回调。在第4浪中，期货价格下跌空间往往较大，但是不会跌破前期价格的低点。在多方资金推动下，期货价格会出现探底反弹的走势。能够把握好第4浪期货价格回调走势的投资者，依然可以在接下来的第5浪获得买涨利润。

5浪：第5浪是第4浪后最后一个多头趋势中的推动浪，也是看涨投资者最后的买涨获利机会。第5浪中，期货价格上涨空间有很大的不确定性。价格可以在这个阶段出现超涨的情况，但也可能出现短线冲高便开始高位走低的现象，进入八浪循环中的最后三浪阶段。

A浪：当大多数投资者还沉浸在五浪获利的喜悦中时，期货价格已经逆转了方向，出现了紧随五浪而来的A浪。因此，在A浪出现的时候，多数投资者并未意识到行情的大逆转，期货价格的回调幅度不会过大，却一定会跌破上升趋势线，成为多头趋势向空头趋势转变的重要信号。

B浪：B浪只是对期货价格见顶回落的A浪的回调浪，该浪并不会改变期货价格持续走弱的趋势，却一定会为看涨投资者提供次高位做空的机会。在B浪的期货价格回调阶段，少数投资者依然会在这个时候买涨，以求获得更好的利润。但是期货价格的下跌趋势已经得到确认，价格短线回调的幅度有限，为看涨投资者创造的利润更是非常少的。若要在这个阶段把握好顶部做空，更是比较好的盈利机会。

C浪：B浪之后出现的C浪，是对A浪的进一步确认。在C浪阶段，期货价格的下跌空间将会不断扩大，而价格的空头行情也将被持续确认。如果投资者不抓住C浪的做空机会，今后就不会再有更好的做空机会了。在C浪中，期货价格大幅度持续下跌将会延续下来，能够把握好机会的投资者，是可以获利的。C浪中期货价格的下跌幅度很高，投资者万不可因为反弹而买涨，否则必将遭受重大损失。

要点提示

在判断期货价格的八浪循环走势的过程中，对期货价格反转点和不同浪的判断上，必须相当准确才行，否则难以判断价格的波动方向。如果八浪循环中每一个浪都判断得非常准确，那么投资者根据各浪特点来开仓就会万无一失了。值得一提的是，关于期货价格5浪和B浪顶部的问题中，B浪的价格顶部很可能会高于5浪顶部。这是为什么呢？因为投资者在较大的多头趋势见顶回落以后，即便在短线回调的B浪阶段，仍然会有不少的投资者疯狂追逐开仓，推动价格短线突破5浪的顶部，但这也成为多方力量竭尽的信号。价格上的高位不仅意味着期货价格还会大幅度上涨，而且相反，B浪在见顶的过程中，期货价格疯狂杀跌的速度会更惊人。投资者若在价格顶部依然想要做空，损失必然会更多。

第三节　八浪的规模与"浪中八浪"

一、完整的大型八浪循环

完整的大型八浪循环，应该是持续时间很长并且包括八浪完整的浪的循环走势。一般来看，大型的多头趋势与空头趋势转换过程中，能够出现完整的八浪循环形态。实际上，投资者能够发现，期货价格的完整八浪循环形态中，不同的浪中的获利空间较大。而单边上涨的前五浪中，期货价格更能出现历史性的涨幅。空头趋势中的最后三浪，期货价格杀跌的力度也会空前的高。操作上看，投资者若能够把握好八浪循环各浪的买卖机会，或者能够在前五浪中持仓买涨而后三浪中持仓做空，长期持仓回落也会更为丰厚。

在艾略特八浪循环理论中，投资者发现期货价格运行的各浪并不困难，难点在于理解这些不同浪的循环过程与操作机会。同一规模上的浪，会在价格波动过程中不断循环运行。而不同规模的浪，小型的浪总能成为大型浪的一部分。在各个完整浪循环的时候，投资者把握较大的浪总能获得更好的回报。而价格在各主要浪反转的过程中，K 线形态或者是技术指标必然出现一些反转的迹象。根据这些反转信号判断八浪循环的反转点，也是投资者把握开仓时机并且获利的重要机会。

棉花 1309——周 K 线中八浪循环如图 2-2 所示。

棉花 1309 合约的周 K 线图中，价格在八浪中循环，形成了 1 浪到 5 浪的明显多头趋势以及 A 浪到 C 浪的空头大行情，在这样的大行情中，投资者的盈利空间是很高的。价格持续运行时间较长，从 1 浪开始算起，有长达四年之久。同样受到 2008 年金融危机影响的棉花价格，反转以后开始了长期的八浪循环。

在棉花价格的八浪循环中，可以看出图中 2 浪和 4 浪的调整空间非常有效，表明主要多头趋势中长期持仓是可以获得不错的回报的。即便遇到了 2 浪和 4 浪的回调，短期损失仍然不高。不过，考虑到期货合约是有存续时间的，投资者可以在期货交割前提前交换不同月份的合约，以便达到连续持仓的目标。

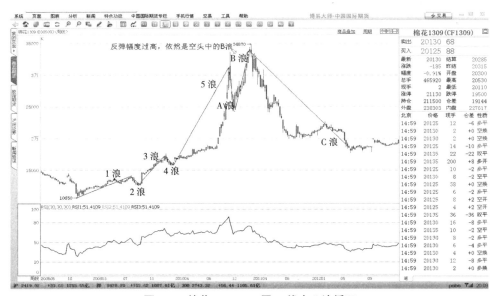

图 2-2　棉花 1309——周 K 线中八浪循环

棉花 1309——RSI 的背离揭示 B 浪顶如图 2-3 所示。

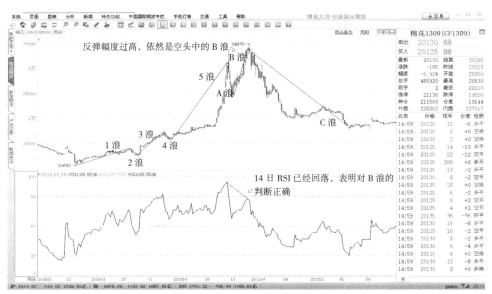

图 2-3　棉花 1309——RSI 的背离揭示 B 浪顶

图 2-3 中显示，周 K 线中 RSI 指标的背离信号，向投资者提供了价格的重要做空信号。即便从最高价来看，棉花 1309 合约在 B 浪阶段创出新高，并不意味着这个浪就不是 B 浪了。投资者在价格回调的阶段，短线做多的疯狂程度是难

以想象的。而棉花价格没有在 5 浪达到历史高价，却在回落后的短线反弹中达到 B 浪阶段的价格高位，是投资者应该关注的地方。从 RSI 指标分析来看，将图中 B 点的价格高位设置为顶部，还是有其合理性的。

二、浪中的小型八浪

大型的八浪循环走势，持续时间总是非常长的。大型八浪循环包括了多头趋势中五个浪和空头趋势中的三个浪，是投资者获得高额利润的机会。大型八浪循环中，每一个浪的波动幅度都相对较大，并且持续时间很长，这样就会出现更小规模的波浪，来成为大规模八浪循环的一部分。

从长期趋势来看，小型八浪并不利于投资者获得高额回报。但是从理解八浪循环的完整结构，以及把握微小的投资机会的角度看，投资者对于小型八浪的掌握还是有必要的。小型八浪循环是构成大型八浪的一部分，投资者要想顺利调仓或者想要把握短线微小的利润，还应该注意观察期货价格的不同规模的八浪循环才行。

白糖 1309——小型八浪组成大型 3 浪、4 浪如图 2-4 所示。

图 2-4　白糖 1309——小型八浪组成大型 3 浪、4 浪

白糖 1309 合约的 1′浪到 C 浪的八浪循环，构成了图 2-4 中白糖合约的 3、4

大浪。从图 2-4 来看，虽然是规模比较小的八浪循环，却也是非常完美的八浪。每一个浪的走势特征，与规模较大的八浪并无太大区别。在实际操作过程中，投资者可以在更大规模的八浪循环中获利。而比较小的八浪循环的运行趋势，作为投资者中短线获利的持仓过程看待。

要点提示

艾略特八浪循环理论的重要特征，是不同的浪可以由更小规模的浪组成，特别是持续时间长达三年以上的行情中，八浪循环绝不会仅仅由简单的八浪构成的多空趋势的循环，而是在不同的浪阶段，又出现规模更小的浪。这样一来，投资者根据期货价格的不同浪的规模，可以有不同的开仓方式和操作手法，只要投资者没有在更大的趋势上违背价格运行方向开出，就能够获得利润。当然，在更小规模的八浪循环当中，投资者开出后的获利预期应该顺势下调。

第四节　单边趋势中的八浪循环

一、多头趋势中的八浪循环

在期货价格持续回升的多头趋势中，艾略特八浪循环提供的买点是比较理想的开仓机会。事实上，随着期货价格的震荡走高，在八浪循环中的前五浪中，买点已经在 1 浪、3 浪和 5 浪中形成。投资者获利之前要做的事情，就是发现 1 浪、3 浪和 5 浪的买点，并且持有多单直到价格进入回调阶段为止。当然，在 1 浪、3 浪和 5 浪中持有多单并且分别获利的手段，也是可取的。只是投资者会因为价格的短期而不断地平仓以避免损失。如果在多头趋势中的 1 浪期间开始持有多单，并且直到期货价格完成 5 浪的拉升之前不断持仓，也能够长期活动买涨的利润，这样操作就省去了不少的中间环节，为投资者获得长期利润提供了机会。

棉花 1309——14 日 RSI 回调提供买点如图 2-5 所示。

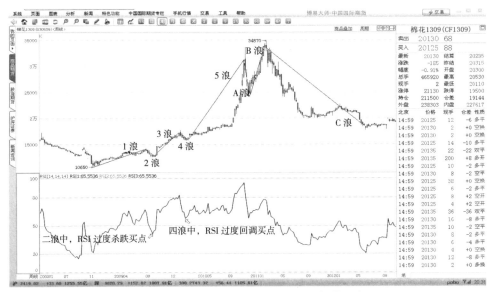

图 2-5　棉花 1309——14 日 RSI 回调提供买点

棉花 1309 合约的日 K 线图中，八浪循环的前五浪中的买点，出现在 RSI 指标短线回落的过程中。图 2-5 中显示，14 日的 RSI 指标在图中首次跌破 50 线的时候，是 2 浪出现的时刻。这个时候，RSI 指标短线回落的幅度较大，虽然也跌破了 50 线，却不是投资者做空的信号。在期货价格从熊市行情中止跌企稳以后，投资者对 1 浪的上涨趋势不以为然。短线买涨获利以后，会有大量的投机户开始平仓做空，这是 1 浪出现的重要原因。但是，空头趋势显然已经不是主要趋势，期货价格短线回调的 2 浪中，价格跌幅并不是很大，场外看涨的投资者就将价格拉起，才会出现 2 浪的买点。而 RSI 指标跌破 50 线的走势，恰好是投资者惯性做空的过程中出现的恐慌性下跌，可以当作投资者重要的买涨机会。RSI 指标在 2 浪中跌破 50 线以后，重新回升便是期货价格长期看涨的重要起始点了。

从 4 浪回调走势中可以看出，在这个浪的回落走势中，RSI 虽然也跟随期货价格下挫，却并未跌破 50 线，表明 2 浪中 RSI 跌破 50 线的位置已经是重要的底部了。多头趋势毫无疑问确立了，期货价格还将经历 5 浪，才会最终见顶回落。

二、空头趋势中的八浪循环

空头趋势中，期货价格下跌的走势出现在第 6 浪和第 8 浪。第 7 浪是期货价格售出进入空头趋势后的一个调整浪。即便期货价格短线上涨幅度较大，仍然不能改变价格回落的大趋势。在空头趋势中把握做空的重要卖点，可以从6浪开始分析。

在多头趋势中的前五浪结束之时，期货价格进入6浪的回落阶段后，价格的跌幅就会很大。投资者可以在5浪见顶信号出现之后开始做空，并且始终持仓到价格跌破4浪的低点，再考虑短线减仓的操作。6浪是破坏多头趋势的第一个空头趋势中的推动浪，对价格的打击是相当厉害的。因此，6浪的下跌幅度必然会很大，并且一定会跌破4浪的价格低点，这才是真正又破坏了的6浪行情。

在空头趋势中，八浪循环中的最后三浪走势，是投资者获得做空利润的重要机会。期货价格的下跌幅度会很大，并且下跌幅度很可能会接近多头趋势中八浪循环的第1浪。如果事实真的是这样，那么投资者即便不能准确判断5浪之后期货价格是否会大幅度下挫，也应该尽快动用部分资金做空开仓。从6浪的下跌幅度和八浪的最终跌幅来看，投资者这样做是非常值得的。

棉花1309——背离表明空头趋势到来如图2-6所示。

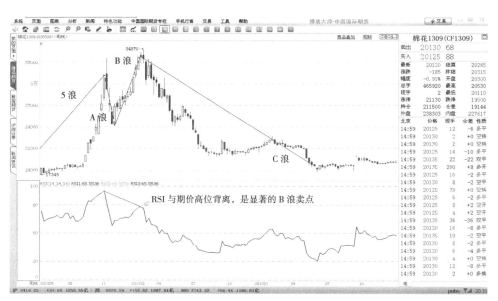

图2-6 棉花1309——背离表明空头趋势到来

棉花1309合约的周K线图表明，14日的RSI指标与期货价格的高位背离信号，成为非常典型的顶部做空位置。八浪循环进入最后三浪的重要信号，也来自RSI与期价的背离形态。价格在A浪回落以后，B浪中期货价格依然能够回升至

5 浪高位以上，这是多方最后挣扎的结果。价格的回落必然还会出现，RSI 指标的背离显示 C 浪必然成为主要趋势。后市来看，棉花价格的确在空头趋势中大幅度回落，并且跌幅机会达到了历史高位 34800 元的一半。

要点提示

在八浪循环走势中，前五浪可以说是单边上涨行情中的 5 浪，而后三浪则是空头趋势中的三个浪。投资者根据各浪的运行特点以及 RSI 指标发出的买卖信号，就能够发现重要的操作机会。事实上，虽然期货价格的八浪循环的完美形态，RSI 同样会对应着八浪形态。这样一来，在考虑期货开仓时机的时候，投资者可以将 RSI 指标当作运行中的期货价格，判断该指标高位和低点的操作机会，就能够轻松完成建仓动作获利了。在八浪循环形态中，价格可以提供错误的突破信号，而 14 日的 RSI 指标却不会这样。14 日的 RSI 是被证明非常有效的指标，该指标能够发出投资者意想不到的买卖信号，在八浪循环的走势中运用效果很好。

第五节　八浪循环中的单边趋势

一、八浪循环中的多头趋势

持续时间较长而价格波动很大的八浪循环走势中，每一个浪都可以认为是一个单独的运行趋势，投资者可以在期货价格的某一个趋势中花费更多的资金，来获得较高的投资回报。八浪循环形态中，有八个不同的浪形成的小趋势，投资者便可在这八个浪相互转化的过程中不断调整仓位，从而获得更多的利润。

相比较八浪循环中的前五浪中开仓后不断持仓的做法，短线买卖把握每一个浪的操作，投资者显然更能获得高额回报。八浪的每一个浪，把单边大行情分割成比较小规模的单边趋势。投资者可以根据自身的盈利预期以及操作需要，持仓在每一个浪中，其实也是单边趋势中的获利方式。

虽然八浪循环中每一个浪持续时间都足够投资者开仓获利，但是投资者频繁调整仓位的时候一定要注意风险。因为八浪循环的形态有时候是很复杂的，不同规模的八浪又会穿插出现，投资者若能够辨别不同规模的八浪循环，并且尽可能地选择持续时间较长的浪单边持仓，获利的潜力才会更高。

把握八浪中每一个浪的盈利机会，投资者必须知道一个原则，那就是前五浪中，价格跌幅不可过大而后三浪中价格涨幅不可过高。前五浪中，即便期货价格出现了回调的情况，却也不会改变多头行情。在后三浪中，价格已经从多头趋势中转变过来，反弹高度也不会过大。以这两个原则来把握八浪循环中各浪的盈利机会，就会相对容易一些。

豆粕1309——50%黄金分割成为3浪底如图2-7所示。

图2-7　豆粕1309——50%黄金分割成为3浪底

豆粕1309合约的日K线图中，该合约的八浪循环形态还是非常清晰的。图中显示，八浪循环中的前五浪中，2浪回调后的头点出现在黄金分割的50%线上。这说明，起点在1浪的价格底部，终点设置在1浪顶部的黄金分割线50%的分割率，对期货价格的支撑效果良好。事实上，50%的黄金分割线在任何时候的支撑效果都是不容忽视的，就像61.8%和38.2%的分割线一样重要。判断八浪循环中多头趋势中3浪和5浪的做多时机，利用黄金分割线判断就是再好不过的方法了。

豆粕1309——50%黄金分割依然是4浪底如图2-8所示。

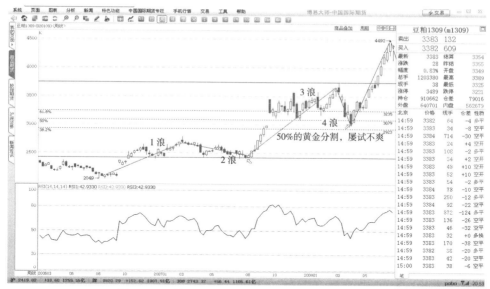

图 2-8　豆粕 1309——50％黄金分割依然是 4 浪底

豆粕 1309 合约的日 K 线图中显示，期货价格在多头趋势中的运行状况还是非常好的。在接下来的 4 浪调整走势中，判断做多时机依然是黄金分割线。这个时候黄金分割线的起点应该设置在 2 浪的底部（或者说是 3 浪的起点），而终点设置在 3 浪的顶部。这样得出的黄金分割线，对期货价格回落位置的判断，依然到了 50％的分割线上。在同一期货品种上，期货价格回调位置如此相似，表明黄金分割线在判断八浪循环中买涨信号的时候非常有效。

二、八浪循环中的空头趋势

在八浪循环当中，处于上升趋势的浪包括 1 浪、3 浪、5 浪和 7 浪，其余各浪均处于下跌趋势。这样一来，投资者在空头趋势中选择调整浪做空，也是有很长时间能够获利的。毕竟从浪的个数看，八浪循环中的四个浪都处于回落趋势，投资者若能够把握这些浪的调整走势来顺势做空的话，依然能够获得不错的回报。

在下跌的四个浪中，第 2 浪和第 4 浪是多头趋势中的价格回调，调整的幅度可能不会很深。如果投资者仍然不想错过这两个浪的做空获利机会，也可以在价格反转的时候做空，便可获得不错的回报。而 6 浪和 8 浪则是空头趋势中非常重要的推动浪，期货价格在这两个浪中的回落幅度可能会很高。尤其是第 8 浪，期货价格持续杀跌的走势何时结束是很难判断的。若能够在这两个浪中把握好做空时机，投资者获利潜力是非常大的。毕竟，从6浪开始，期货价格已经步入到长期回落的空头趋势中。即便从6浪开始做空后不断持仓，长期来看获利是必然的。

豆粕1309——3浪、4浪的重要做空位置如图2-9所示。

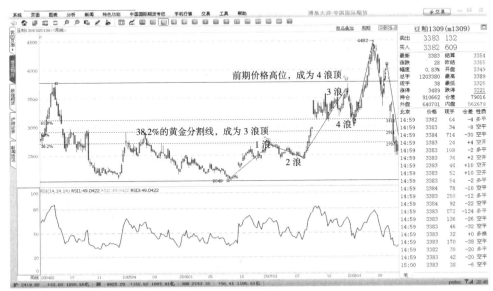

图2-9　豆粕1309——3浪、4浪的重要做空位置

豆粕1309合约的日K线图中，投资者能够把握的做空机会，出现在黄金分割线的38.2%以及前期价格的高位。从图中来看，2浪是非常重要的做空机会。2浪持续时间虽然短暂，却也能够提供给投资者不错的盈利空间。图2-9中显示，当期货价格在1浪中回升到38.2%的黄金分割线后，显然遇到了强烈的阻力，这个回落为止是做空投资者重要的盈利起点。接下来的重要的4浪回调走势中，起点是前期期货价格的历史高位，这一位置的做空压力较大，并不难想象。

豆粕1309——3浪、4浪的重要做空位置如图2-10所示。

八浪循环中的2浪和4浪并非长期做空机会，真正空头趋势中的卖点出现在5浪顶部或者说是B浪的顶部。图中显示，期货价格在B浪的回调阶段，上涨空间并不高，价格高位遇阻在61.8%的黄金分割线。从A浪底部到5浪顶部的黄金分割线的61.8%位置，对价格的压力还是相当厉害的。操作上，投资者就可以选择在这个时刻考虑做空。前边我们说过，多头趋势中2浪和4浪的回调位置的判断，50%的黄金分割位起到了非常大的作用。而到了空头趋势中B浪的回调位判断上，61.8%的黄金分割线起到了类似的压制效果。

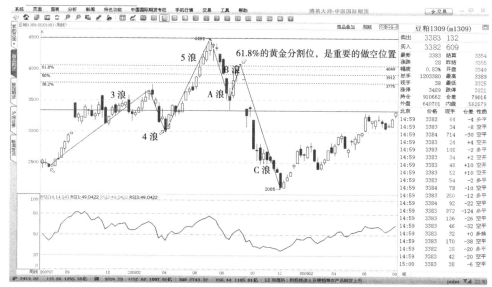

图2-10　豆粕1309——3浪、4浪的重要做空位置

要点提示

八浪循环中，投资者可以将各个不同的浪看作一个单独的价格趋势，这样就会出现多达八次的开仓机会能够获得利润。在持续时间长达3年以上的八浪循环中，即便是八浪循环中的一个小浪，期货价格的波动空间同样会非常高。这样一来，投资者如果能够累积获得各浪中的操作利润，就能够获得更好的回报了。操作手法娴熟的投资者，与其说在1浪到5浪中获得买涨利润，并且在A浪到C浪中获得做空回报，倒不如在八浪中的每一个价格趋势中开场获利，更能够获得高额回报。单一的浪中操作期货合约，投资者无形中放大了价格波动中的利润率，提高了获利空间。

第三章 分时图中的价格趋势

第一节 趋势在开盘一小时内确立

一、单边趋势的确认

1. 开盘价格涨跌方向

期货开盘价格的开盘位置，是多空双方经过争夺后产生的价位，对盘中价格运行趋势有很大的影响。实际上，尤其在日 K 线中表现出来的期货价格的运行趋势，在分时图中字体也能够影响价格的方向。开盘价格的上涨或者下跌，是日 K 线中价格波动趋势影响下出现的。单边上涨的趋势中，开盘价格往往是出现上涨的，而单边下跌趋势中的价格当然很容易开盘下挫了。

确认单边趋势的时候，投资者应该更加重视开盘价格的涨跌方向，才能更好地把握价格的运行趋势。开盘价格大幅度跳空走势形成的时候，期货价格往往能够在跳空方向上持续运行，而不管缺口大小如何。从这个意义上讲，投资者知道了开盘价格的涨跌方向，也就同时知道了盘中开仓的方向，这对于实战获利有很大帮助。

橡胶 1305——开盘上涨 0.65%如图 3-1 所示。

橡胶 1305 合约的分时图中，该合约开盘价格上涨了 0.65%，并且在开盘后的 40 分钟内持续走强，明显是看涨的趋势。从分时图中价格走势看，开盘价格的上涨无疑为该股开盘走强和盘中维持价格高位提供了动力。也就是说，开盘价格的上涨，已经确认了该合约的上涨趋势，表明橡胶价格在一天中的走势都非常

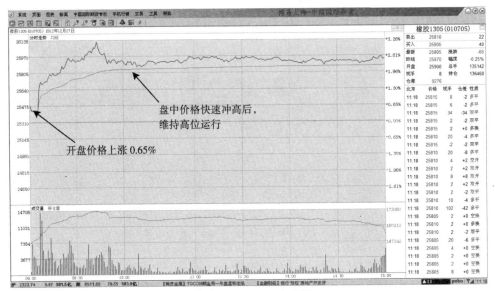

图 3-1　橡胶 1305——开盘上涨 0.65%

强劲，当日收盘价格也保障在 2.5% 以上，表明投资者在判断分时图中价格趋势的时候，对开盘价格不能忽视。开盘价格在很大程度上预示了盘中价格的波动方向。特别是涨幅不是很大，又有一定涨幅的开盘价格，更是如此。

2. 开盘半小时价格异动情况

期货市场开盘以后，价格往往能够在开盘后半小时内出现强势的波动情况。那么期货价格在半小时内的波动趋势，就表明了多空一方的实力大小。如果期货价格开盘在半小时内就确认了向一个方向的强势波动趋势，那么盘中期货价格持续在这一单边趋势中运行的可能性就很高了。

期货市场中资金强大的主力总能够操作价格运行趋势，开盘后的半小时内价格异常波动的方向，代表了主力的持仓方向，往往是盘中期货价格的真正运行趋势所在。

橡胶 1305——开盘冲高回落走势如图 3-2 所示。

橡胶 1305 合约在开盘后的半小时内冲高回落，明显完成了一个顶部形态。图中看得非常清晰，价格瞬间冲高回落，顶部非常尖锐，表明这个顶部信号对盘中价格的影响将会很大。从该股分时图中的运行方向来看，橡胶 1305 合约显然在盘中冲高，也未曾成功突破这个价格高位。从开盘后半小时内该股冲高回落的形态，就能够断定期货合约盘中走弱的大趋势，投资者可据此提前在价格高位做

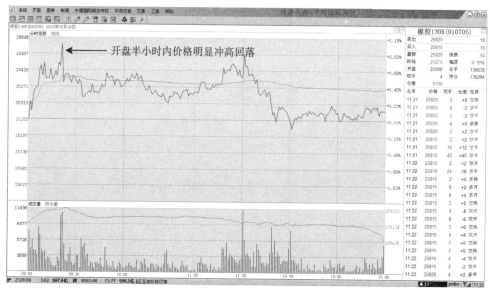

图 3-2 橡胶 1305——开盘冲高回落走势

空，是很容易获得利润的。可见，开盘后期货合约的异动，已经提示了投资者价格的运行趋势，据此来选择开仓方向是可以有所收获的。

3. 直到 10:00 的价格形态

开盘以后的半小时内，多空双方争夺得非常厉害，期货价格也容易出现运行趋势不明的走势。在这个时候，投资者买卖期货合约不容易把握好方向。但是，开盘后一小时内，期货价格的波动方向基本得到确认，多空实力也能够体现在期货价格波动的形态上。因此，在开盘后一小时内，也就是开盘后的 10:00，判断期货价格的形态，能够很好地指导投资者选择分时图中的操盘方向，为投资者准确把握趋势创造条件。

值得一提的是，开盘后半小时内期货价格异常波动空间很大，也能够在10:00 那一刻趋于平稳。也就是说，多空双方实力强弱最终在 10:00 的那一刻体现出来，关注期货价格在开盘后一小时内的形态特征，有助于投资者正确选择开仓方向，为盘中开仓获利做好准备。

橡胶 1305——等价线上的持续走强如图 3-3 所示。

橡胶 1305 合约的分时图中，价格在开盘后一小时基本运行在等价线以上。这说明，虽然价格是低开形态开盘的，却没有对该合约的多头趋势造成实质性的影响。实际上，期货价格在等价线以上震荡走强，就很能说明问题。橡胶价格在

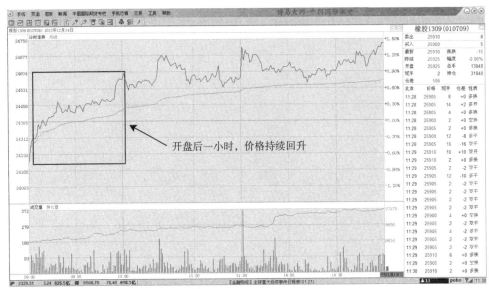

图 3-3　橡胶 1305——等价线上的持续走强

等价线以上的看涨趋势还将延续，投资者若能把握价格低点买涨，还是可以继续获利。

4. 价格相对等价线的位置

除了以上所说的内容，期货价格在分时图中相对于等价线的位置，也影响了价格的波动方向。例如，即便期货价格的开盘价格上涨幅度很大，却在开盘后的一小时内持续运行在等价线以下，这显然也是单边下跌的趋势。多空双方的真正实力强弱并未在开盘价格上得到体现，而是在盘中期货价格相对于等价线的位置上得到体现了。

在开盘后的一小时内，期货价格虽然高位横盘却从未有效突破等价线，那将意味着盘中期货价格早晚会出现杀跌的情况，投资者在这个时候做空无疑是最佳选择。在股价高开并且运行在等价线以下的时候，空头趋势往往是以突然跳空下挫的方式出现的。因此，投资者把握这样的做空机会还是不错的。

橡胶 1305——等价线以下弱势整理如图 3-4 所示。

橡胶 1305 合约分时图中，该合约开盘价格明显上涨 0.6% 以上，却在盘中震荡走弱，表明期货价格的走势非常难看。在没有特殊情况下，这种开盘后等价线以下持续回落的情况，必然表现为该合约的持续下跌趋势形成。尾盘橡胶 1305 合约的走弱，就说明了这个问题。从价格相对等价线来看，开盘阶段已经明显表

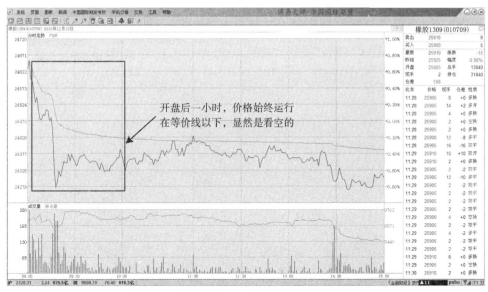

图3-4　橡胶1305——等价线以下弱势整理

现出弱势杀跌走势。盘中期货合约始终没有突破等价线，说明这种杀跌对投资者影响很大。多方无力扭转价格颓势，只等尾盘期货价格继续杀跌。

二、横盘走势的形成

1. 高开强势横盘

期货价格在开盘阶段就实现上涨的情况，多数是因为价格趋势较大或者利好消息刺激的影响。特别在期货价格的上涨趋势中，明确的看涨情况往往需要投资者更高的价位开仓。开盘阶段期货价格就已经在强大的买盘推动下高开上涨，这种价格高开的走势其实经常会发生。在利好消息的影响下，投资者也会在开盘阶段高位开仓，导致期货价格开盘价格大幅上涨。

橡胶1305——高开横盘涨幅在1%附近如图3-5所示。

橡胶1305合约的分时图中，期货合约的运行情况在开盘阶段已经很明显。价格高开1%后，盘中持续横向运行一小时，表明该合约虽然波动幅度不高，却是在高位横向运行，明显是看涨的趋势。可以这么说，橡胶1305合约的高开横盘走势，是在高开1%以及之后的一小时内的横盘运行，构成了该股盘中看涨的趋势。

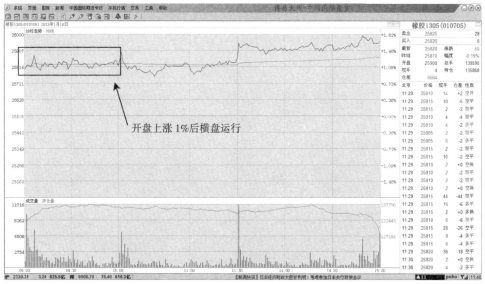

图 3-5　橡胶 1305——高开横盘涨幅在 1% 附近

2. 低开强势横盘

受到外盘或者消息面以及价格波动方向影响，商品期货价格的走势会在开盘阶段就表现出单向运行的情况。外盘价格出现大幅度走低的情况下，必然影响到第二天开盘的国内商品期货价格。国内商品期货价格并不是 24 小时交易制度，价格空头走势出现跳空回落也是难免的。更何况，外盘资金实力强大，对国内成交量不高的品种影响更为明显，投资者不得不防备价格跳空带来的风险。

消息面上出现利空因素，并不利于期货价格开盘出现坚挺走势。利空消息被投资者第一时间掌握后，在开盘那一刻就会低价做空，导致期货价格开盘价格大幅度下跌，甚至达到跌停的价格。

当然，如果期货品种本身的空头趋势已经明显形成，价格加速回落的时候也会出现低开的情况。

明显大跌开盘的期货价格，会在盘中形成横盘运行的走势，显示出空头方面实力很强，既能够开盘价格做空打压价格，也能在盘中维持价格在低位运行，这样低开后的横盘走势持续时间较长，投资者盘中投机操作空间会被明显压缩。

橡胶 1309——低开横盘走势如图 3-6 所示。

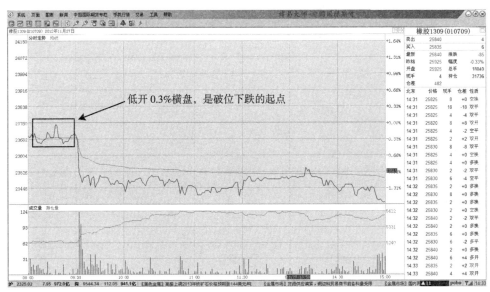

图 3-6　橡胶 1309——低开横盘走势

　　分时图中橡胶 1309 合约的低开 0.3% 的情况虽然看似没有什么大不了的，但仅仅横盘半小时橡胶价格就快速跌破这一横盘价格区域，显示出空方打压期货合约的做法还是很明确的。从操作上来看，这个时候无疑是投资者的做空信号了。价格在低开以后出现短暂横向，虽然价格并未快速下跌，低开情况下期货价格下挫已经是意料当中的事情。判断低开横盘的价格开仓方向，无疑变得比较简便。

　　3. 平开横盘

　　开盘价格既没有大涨也没有大跌，而是与前一日收盘价格类似的价格出现开盘价。在期货价格平淡开盘以后，盘中价格波动空间仍然比较有限。多空当中的任何一方都没有大笔资金买卖股票的冲动，而是以观望的情绪谨慎操作，致使盘中期货价格平稳运行在开盘价格附近，投资者在这个时候的操作空间仍然较小。

　　平淡开盘的情况，经常出现在趋势不明的调整阶段，或者是期货价格大幅度波动后的第二个交易日中。在调整阶段，期货价格波动幅度较小，整日里出现平淡开盘而价格波动空间很小的横盘走势，并不令人奇怪，特别是那些本身就不活跃的期货品种（玉米、籼稻等）更是如此。

　　在期货价格大涨或者大跌以后，短时间内横盘运行表明多空双方正在调整仓位，备战接下来的行情。横盘运行的期货价格，恰好为投资者提供了开仓的重要时机，一旦投资者错过了这个开仓时机，后市的盈利空间也就比较有限了。

橡胶 1309——平开横盘走势如图 3-7 所示。

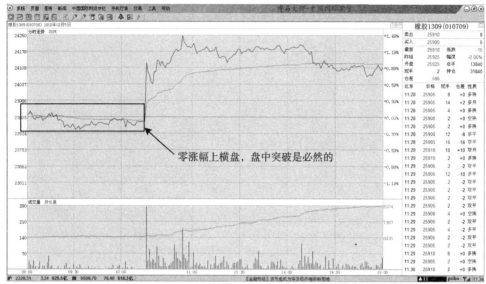

图 3-7　橡胶 1309——平开横盘走势

　　橡胶 1309 合约开盘价格并未出现有效涨跌，而是在几乎与前一日收盘价格持平的位置上开盘的，显示出价格的运行情况比较稳定。但就是这种开盘平淡的而盘中横向运行的情况，存在的突破风险越高。价格不可能没有一点波动强度，尤其是橡胶这样的活跃品种更是如此。因此，该合约横向运行长达一小时后，价格自然向上放量突破，显然是多方资金发力的时候产生的。由此可见，投资者若能够把握价格横盘时的突破点，获利将不成问题。

　　4. 等价线一侧横盘

　　开盘以后，期货价格在等价线的一侧横盘运行，表明多空双方差距虽然较大。但是，从价格表现来看并未明显体现出多空双方的这种实力差距。一般来看，期货价格在横盘运行的过程中，处于等价线一侧运行的时间越长，尾盘阶段价格越容易出现向这个方向的突破。投资者如果能够提前开仓，容易获得投机利润。在等价线一侧运行的情况，如果出现活跃品种中，这种横盘走势通常会被突破走势取代。由此可见，横盘运行在等价线一侧的期货价格，显然是投资者的一个开仓时机。

　　橡胶 1305——拉升至高位横盘如图 3-8 所示。

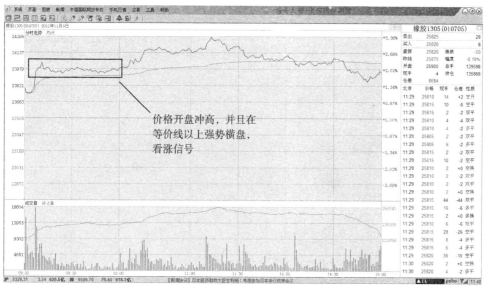

图 3-8　橡胶 1305——拉升至高位横盘

橡胶 1305 合约的分时图中，期货价格盘中波动情况稳定。开盘阶段该合约冲高后横向运行在等价线以上，并且根本没有达到等价线，显示价格运行还是比较强的。在这种开盘等价线一侧强势运行的情况，必然转变为期货合约盘中继续冲高的走势。事实上，橡胶 1305 合约在分时图中震荡冲高，就是证明了我们的看法。

要点提示

期货价格在开盘后的一小时内价格表现，关系到当日盘中价格的波动方向。开盘后一小时内价格形态非常重要，是投资者重要的参考形态。根据开盘后价格走势的特征，投资者能够判断多空强弱状况以及价格基本运行趋势，从而为开场获利做好准备。期货价格在波动过程中，开盘阶段是多空双方必争的走势。开盘价格容易受到外盘或者消息面的影响，出现跳空的走势。而开盘后价格的运行状况，正好是对开盘价格的修正，也是对盘中价格走势的良好预期。不愿意参与开盘后价格宽幅波动的投资者，在开盘后价格运行状况确定后参与，还是能够获得不错的回报的。

第二节 开盘形态的重要性

一、可靠的做多形态

1. 单底形态

单底形态出现在分时图中，是期货价格快速探底回升的重要反转形态。该反转形态一旦得到确认，期货价格盘中反弹空间较大，能够为投资者带来丰厚的短线利润。在分时图中，股价出现单底之前，必将出现一波放量杀跌的走势。这个时候，场外观望的投资者不必惊慌做空，而是可以等待趋势明确后再开始操作，才能把握最终的趋势。

很多时候，开盘后半小时内期货价格杀跌或者是强势反弹走势，并非期货价格的真正趋势。多空双方在开盘后的争夺，只是确认盘中价格走势的一个机会。随着价格波动趋于稳定，大幅度杀跌的期货价格很可能以单底的形式结束，而步入多头趋势中。这个时候，恰好是投资者追涨的机会。

白糖1305——开盘探底回升走势如图3-9所示。

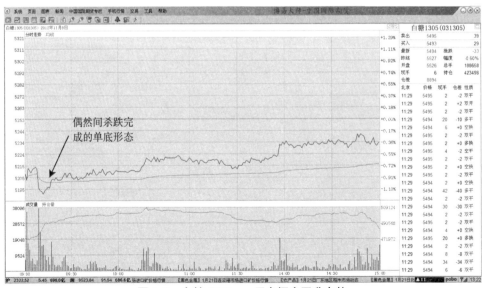

图3-9 白糖1305——开盘探底回升走势

白糖 1305 合约的分时图中，价格低开以后震荡上行，并且在开盘后的杀跌中完成了一个简单的"单底"形态。从该单底形态开始，期货合约的看涨就将形成。开盘后的一小时内，该单底形态成为期货价格的短线形态，以这个单底形态作为支撑的话，盘中白糖价格震荡上行就没什么问题了。可见，投资者在分时图中把握好重要的底部形态，对今后的盈利至关重要。单一的底部形态，就为这样的价格反转向上提供了指引。

2. 双底形态

开盘后一小时内，期货价格有时候会出现两次探底回升的情况，完成双底反转形态。期货价格开盘虽然两次杀跌，都在几乎相同的两个价位上出现反弹走势。当价格完成两次反弹走势后，双底的雏形出现了。一旦期货价格再次向上突破双底颈线，那么投资者盘中买涨就比较容易获利了。开盘阶段的双底形态表明空方杀跌决心很强，但终究在多方强大资金面前失手。开盘后的双底形态不仅确立了多方的强势，也确认了期货价格的回升趋势。根据开盘时的双底形态做多，投资者便可获得利润。

白糖 1305——开盘双底形态如图 3-10 所示。

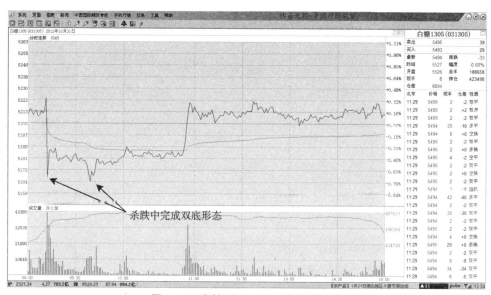

图 3-10 白糖 1305——开盘双底形态

从白糖 1305 合约的分时图中可以看出，期货价格开盘阶段出现了高位杀跌的情况。但是，这一杀跌的走势完成了两个重要的底部，并且构成了盘中价格反弹的重要起点。如果从开盘后一小时内价格形态分析，双底形态显然为投资者的做多提供了条件。两次快速杀跌的走势，白糖价格都未出现较大回落，说明投资者在盘中价格还未拉升之前买涨，是可以获利的。双底形态比单一的底部形态支撑效果更好，白糖价格的盘中强势反弹，就说明了这个问题。

3. 圆弧底形态

开盘阶段期货价格出现震荡回落的走势，不过这种跌势持续时间不长，就在圆弧形反转中完成了拉升动作。开盘阶段的圆弧形态，是比较理想的反转形态。在该反转形态支撑下，期货价格往往能够出现较大的上涨幅度。圆弧形反转形态的跌幅不会太大，而一旦反转却高不可测。可见，投资者重视开盘阶段的圆弧形态反转走势，还是能够获得较好的做多利润的。

白糖 1305——开盘圆弧底形态如图 3-11 所示。

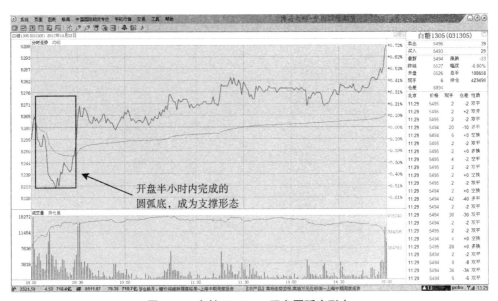

图 3-11 白糖 1305——开盘圆弧底形态

白糖 1305 合约的分时图中，开盘后半小时内完成的圆弧形底部反转形态，成为白糖价格震荡上行的重要支撑形态。从白糖价格尾盘强势拉升到高来看，开盘阶段的圆弧底支撑效果还是很好的，毕竟，白糖价格在该圆弧底支撑下，出现了 0.7% 以上的涨幅。事实上，有效的圆弧底反转形态出现在开盘阶段，价格在这种支撑形态下上涨潜力是惊人的。圆弧底形态越是有效，期货价格持续拉升的时间越长，价格上涨空间也会更高。白糖 1305 合约的走势，就说明了这个问题。

二、可靠的做空形态

1. 单顶形态

期货价格的波动完全是资金推动的结果，资金量大的机构，完全有能力在开盘阶段影响期货价格的形态。开盘阶段期货价格冲高回落，是由散户追涨买入造成的，当然更重要的是主力资金操作价格的结果。开盘一小时内，期货价格冲高回落的高度不大，完成的单顶形态却是显而易见的做空信号。随着趋势的发展，期货价格会在冲高回落的单顶形态以后开始大幅度杀跌，做空的投资者会顺利做空获利。

白糖 1305——单顶形态如图 3-12 所示。

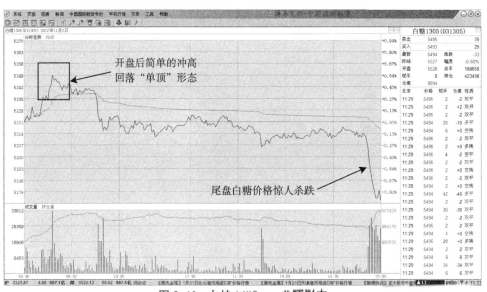

图 3-12　白糖 1305——单顶形态

白糖 1305 合约的分时图中，开盘后半小时该合约即冲高回落。从形态上看，冲高回落的白糖价格形成了"单顶"形态，已经构成了主力做空的重要起点。操作上，投资者无论如何要关注这一反转形态，毕竟，白糖价格受到"单顶"形态影响很大，直到白糖 1305 收盘前还出现了杀跌的情况。

2. 双顶形态

双顶形态在开盘阶段也很容易实现，是期货价格两次冲高失败后的重要反转形态。多方散户在期货价格两次冲高走势中起到了决定性作用。考虑到空方资金实力强大，多方两次拉升期货价格失败后，双顶反转形态在这个时候完成。在开盘阶段的双顶反转形态中，期货价格不仅跌破了双顶的颈线，也同时跌破了分时图中的等价线，这才是空头趋势的重要信号。据此，投资者可以在期货价格回落的时候做空，获得利润。

白糖1305——双顶形态如图3-13所示。

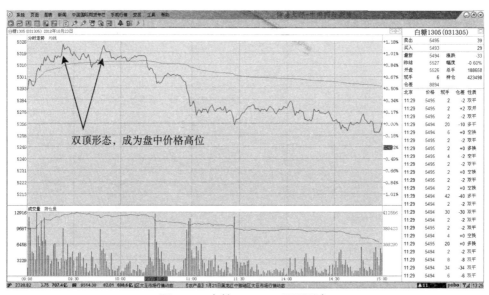

图3-13 白糖1305——双顶形态

白糖1305合约的分时图中，价格的运行情况还是比较稳定的，开盘阶段白糖价格冲高后逐步走弱，并且完成了两个顶部形态。这两个顶部虽然不够明显，却显然对价格的走势造成了很大影响。在开盘后的一小时内，白糖价格基本运行在等价线以上。而到了10：00，白糖价格逐渐走弱，并且持续下挫到前一日收盘价格附近。这表明，空头趋势中的价格杀跌是很厉害的，投资者若能提前意识到这个双顶形态的重要性，就能够判断分时图价格的运行趋势，为开仓获利做好准备。

3.圆弧顶形态

圆弧顶形态出现在开盘阶段，表明期货价格的回升并非那么有力度。多方拉升期货价格显然后劲不足。在期货价格回升力度逐渐减弱的过程中，圆弧顶的反转形态在仅有的一个小时里完成了。圆弧顶反转形态是期货价格重要的高位，表明分时图中价格的下跌空间高不可测，投资者大笔资金做空自然能够获得利润。

白糖1305——圆弧顶形态如图3-14所示。

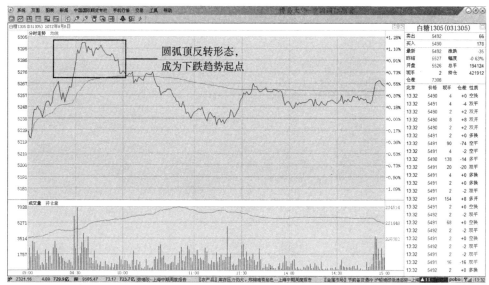

图3-14　白糖1305——圆弧顶形态

在白糖1305合约的开盘后一小时内，该合约冲高回落，完成了圆弧顶的反转形态。作为期货价格下跌走势的重要起点，白糖在圆弧顶形态以后持续下挫至前一日开盘价附近。有能力发现开盘阶段价格冲高趋势的投资者，可以在买涨或获得短线回报。而能够发现白糖价格顶部信号的投资者，可以发现盘中价格波动的下跌趋势，也可以做空获利。虽然白糖价格总体上涨，却避免不了开盘大涨后的冲高回落走势。后知后觉的投资者，可以很快发现价格冲高后的最佳卖点。

三、模棱两可的调整形态

多空双方都资金实力相当，并且都没有投入大笔资金进行期货买卖，那么开盘后期货价格的波动很可能是无方向的调整形态。这个时候，价格的波动趋势并不明确，仅凭开盘后一小时内的价格走势，很难正确判断期货价格潜在的运行趋势。这样一来，投资者显然应该把重点放在期货价格的突破方向上。在横盘调整的走势中，期货价格突破横盘区域的信号非常重要，是投资者能够把握住的开仓机会。随着期货价格突破调整形态，即便是非常难以判断方向的调整形态，也会在价格突破后形成真正的趋势。投资者可以根据突破点来选择恰当的操作机会。

要点提示

开盘后价格形态是多空双方共同参与下产生的，对盘中价格走势的影响非常大。分时图中价格运行时间本身就不长，形态上的支撑或者压力，将会影响到价格的基本走势。本节涉及到的做多形态、做空形态和调整形态，都是非常重要的形态，是投资者参与分时短线交易的基础。

第三节　盘中顺应趋势的开仓法则

一、单向开仓法则

在期货实盘交易中，投资者可以根据价格多数时间里运行的状况，来选择开仓的方向。单向开仓法则，针对的就是价格在等价线一侧运行的情况来说的。当开盘以后分时图中价格横向运行在等价线一侧的时候，表明多空中的一方非常强势，投资者可以在这个时候顺势开场，便可获利。期货价格运行在等价线以上长达一小时之久，一般就能说明价格的运行趋势是向上的，投资者可以趁机做多以便获利。同样地，运行在等价线以下的时候，也是投资者做空的机会。当然，期货价格运行在等价线以上的时候，开盘不可以出现较大的跌幅，这样的买涨操作才比较可靠。在期货价格长时间运行在等价线以下的时候，如果价格并未出现上涨，那么同样也是不错的做空机会。

沪铜1303——看涨单向开仓如图3-15所示。

沪铜1303合约的分时图中，价格开盘阶段的小圆弧形态支撑股价持续回升。在开盘后的一小时内，沪铜基本上运行在等价线以上，上行趋势还是非常明显的。这样一来，投资者据此来单向开仓做多，盈利基本是没有问题的。既然期货价格在开盘后一小时内没有回落至等价线，那么接下来的盘中价格更不会轻易跌破等价线，在这个时候，投资者顺应价格波动方向买涨，不会有错。

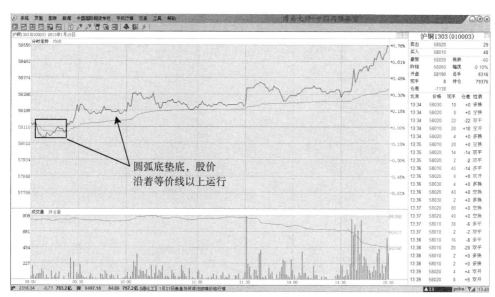

图 3-15 沪铜 1303——看涨单向开仓

沪铜 1303——看跌单向开仓如图 3-16 所示。

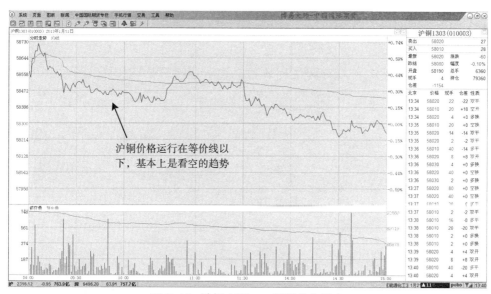

图 3-16 沪铜 1303——看跌单向开仓

沪铜 1303 合约的分时图中，开盘阶段沪铜冲高回落后，基本运行在等价线以下运行。从图中价格的运行情况来看，投资者可以在这个时候单边做空，是没有问题的。在开盘后的一小时内，期货价格都未能回升至等价线，那么接下来盘中价格会出现运行下跌趋势。在价格反弹触及等价线的时候做空，是不会有问题的。

二、反向开仓法则

在分时图中，股价运行趋势一般是能够确定下来的，如果分时图中价格运行趋势是向上的，那么投资者在期货价格跌破趋势线的时候，就可反向做空开场，以便获得利润。而空头趋势中的期货价格运行方向是向下的，投资者同样可以在期货反向突破下跌趋势线的时候买涨，也能获得利润。这样，反向开仓法则就应运而生了。

反向开仓法则中，投资者在开仓机会的把握上，关键是要把握好价格的突破点。只有在期货价格反向突破趋势线的时候，才是真正的操盘机会。随着趋势的延续，突破趋势线的期货价格，会在反方向越走越远。把握好操作机会的投资者，是可以获利的。

沪铜 1303——向上突破的开仓机会如图 3-17 所示。

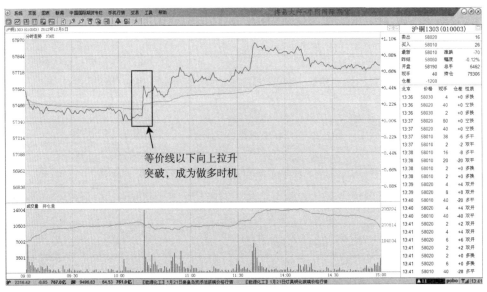

图 3-17　沪铜 1303——向上突破的开仓机会

沪铜 1303 合约的分时图中，期货价格在开盘后一小时内，基本上都处于等价线以下。如果不是盘中价格向上突然拉升，并且有效突破了等价线，该合约的这种跌势控盘将难以撼动。那么，从接下来的操作方向上来看，投资者可以在这个突破点上看涨做多。随着价格突破后持续走强，投资者其实很容易获得利润。分时图中，投资者利用价格反向突破等价线的机会反向开仓，这种情况其实很常见。

沪铜 1303——向下突破的开仓机会如图 3-18 所示。

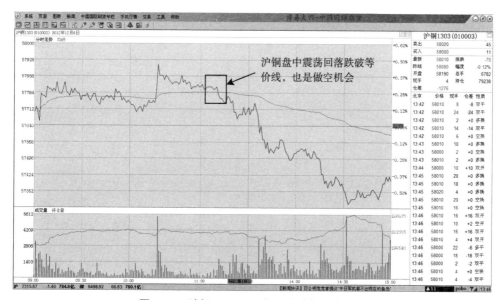

图 3-18　沪铜 1303——向下突破的开仓机会

沪铜 1303 合约的分时图中，价格围绕等价线运行的过程中，投资者可以发现期间的做空机会。在期货合约盘中跌破了等价线的时候，是反向开仓做空的机会。虽然沪铜盘中也曾突破了等价线向上运行，这其实是假的突破。沪铜真正的波动方向是向下回落的，投资者在价格真的跌破等价线的时候反向开仓，就能够获得不错的做空利润了。

三、双向开仓法则

双向开仓法则适用于横向运行的期货价格。在分时图中，价格可以在开盘价格上横向运行，并且不出现任何的突破信号。这个时候，投资者想要尽快开仓，又担心价格运行趋势与预期方向相反，就可以采取锁仓的方式双向开仓。在同一价位附近开双向仓位后，一旦价格出现突破信号，投资者可以平掉反方向的仓位，留下那个能够获利的仓位，这样就达到了真正的开仓目标。实际上，期货价格在分时图中的波动速度可能会很快，双向开仓的方式无疑为投资者提供了开仓机会。即便价格在一个方向上突然大幅震荡，投资者也有机会平掉反方向仓位，获得投资利润。

沪铜1303——下跌横盘的双向开仓如图 3-19 所示。

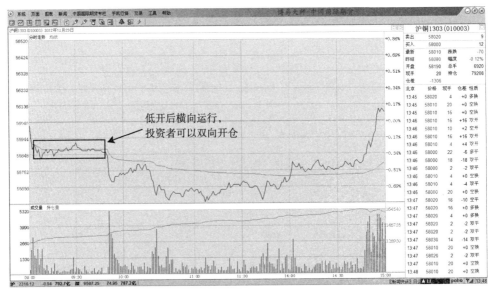

图 3-19　沪铜 1303——下跌横盘的双向开仓

沪铜 1303 合约的分时图中，价格在低开后出现了横盘的情况。这个时候，既然沪铜短线横向运行，却不意味着这种横向调整会持续下来。一旦价格像某一方向突破，那么投资者可以单向开仓获利。既然对今后的突破方向不明确，就可以采取双向开仓的方式，同时买入和卖出相同的合约头寸。一旦期货价格向已给方向突破，那么投资者可以平掉反方向的头寸，便可轻松获得利润了。

沪铜1303——下跌整理的双向开仓如图 3-20 所示。

虽然沪铜开盘小幅度回落，却没有在盘中强势上涨，而是非常缓慢地运行在等价线以上。这个时候，对期货价格突破方面不确定的情况下，投资者依然可以选择双向开仓的做法。双向开仓也称为锁仓开仓，等待价格快速跌破等价线的时候平仓方向头寸，做空仓位自然获得利润。

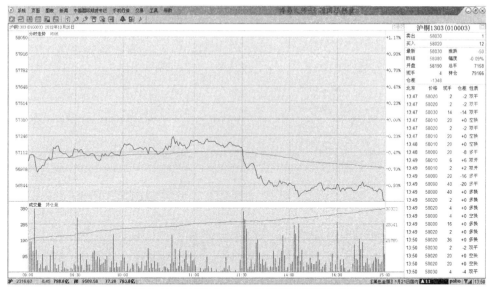

图3-20　沪铜1303——下跌整理的双向开仓

要点提示

　　分时图中价格波动特征，决定了投资者的开仓时机应该顾及到两个方面的突破才行。调整形态可以转化为看作趋势、看空趋势，投资者的开场方向也可以是单向开仓或者是双向开仓的。如果期货价格的波动形态是有效的，那么突破价格形态后的买卖机会就是非常理想的。在实战操作中，投资者可以根据价格的波动特征灵活运用单向开仓、反向开仓和双向开仓法则获得利润。

第四节　日内平仓机会的把握

一、逐步平仓

　　日内期货交易当中，投资者短线获得投机收益，可以随时平仓出局，这也是获利的有效手段。不管价格波动空间将会有多么大，只要开仓后获利空间达到设定的目标，就可以这样做。这种操作方式虽然容易获得利润，但是一般获利空间却不高。投资者主动平掉获利的仓位，这并不是让利润奔跑的有效手段。主动平仓手中的获利单，既减少了持仓带来的损失，同时也人为地降低了获利空间。很多时候，期货价格的波动方向虽然可以正确判断，价格波动强度却不容易精确预测，这样一来，利用开仓时设定的获利目标来平仓获利，并非完美的出货手段。

豆一 1305——跌幅达到目标位的平仓如图 3-21 所示。

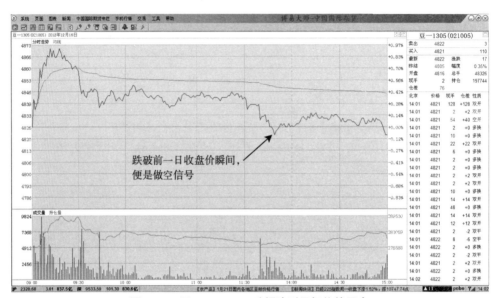

图 3-21 豆一 1305——跌幅达到目标位的平仓

豆一 1305 合约在开盘后冲高回落的走势非常明显，投资者若在该合约冲高至 1.0%附近的时候开始做空，还是能够获得比较好的利润的。那么，投资者高位做空以后何时考虑平仓呢？可以在价格逐步回落的时候平仓。豆一在高位回落的过程中，可以考虑在价格跌至前一日收盘价格的时候平仓。

实际上，从投资者做空的那一刻起，就会想到价格首先回落后的位置可以达到前一日的收盘价格，然后才会有继续下跌的走势。投资者如果考虑在豆一涨幅 1.0%附近做空的目标位就是前一日的收盘价，那么图中标注的价格跌破这位置的时候，便是做空时机了。实战当中，投资者在价格达到自身设定的目标位后考虑平仓兑现利润，是比较理性的做法。这种操作方法不会被价格的异常波动左右，能够很好地保住既得收益。

二、价格波动空间较大后平仓

从不同期货品种的波动特征来分析，期货价格的波动强度是有空间限制的。不同期货品种平日里波动空间有很大区别，价格波动幅度达到一定程度就会有回调的需要。期货价格强烈波动后，价格的回调并非是人为造成的，而是由期货品种一贯的运行特征决定的。这样一来，在开仓买卖期货合约之前，投资者就已经对期货品种的波动特征了如指掌。持仓过程中期货价格波动幅度一般都不会超过平日里价格政策波动幅度。一旦价格波动幅度达到了日内价格波动幅度的最高水平，那么相应地回调就会出现。从概率的角度分析，根据期货价格的波动特征选择平仓价格，一般不会有问题。期货品种的波动总要按照一定的规律运行，在价格达到一定程度后投资者平仓，便不会出现差错。

豆一1305——涨幅过大后平仓如图3-22所示。

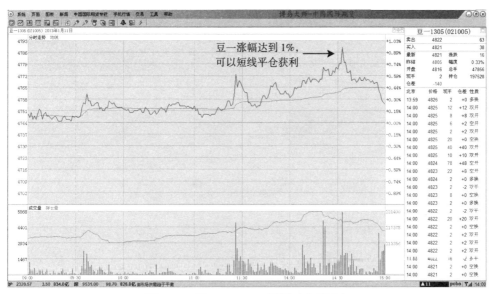

图3-22　豆一1305——涨幅过大后平仓

在豆一的分时图中，当期货价格震荡回升的幅度高达1%的时候，是投资者做空的位置。一般来看，豆一的波动空间达到1%已经是价格的上限了，投资者根据该合约的波动特征考虑平仓获利，是非常有效的操作方式。期货价格在分时图中一般情况下的波动空间，在大多数时间里都会是这样的。投资者即便提前一步减仓，也未必不是好事。与其说等待期货价格出现下跌，倒不如说投资者自己提前平仓，才能够主动获得平仓收益。

三、少量资金逐步平仓

当投资者开仓买卖期货合约后，期货价格的强烈波动可能会带来意想不到的惊喜。价格持续在开仓的方向单边运行，给投资者带来不错的利润。这样一来，获利并不是那么困难的事情了。随着交易的进行，期货价格可以在单边方向持续运行，投资者虽然已经获得丰厚的利润，却不一定要以设定好的价格来提前平仓。或者说，获利的投资者不一定根据价格一般波动强度，在价格运行到一定程度后平仓。根据事先设定好的获利潜力平仓期货合约，或者说根据价格波动特征提前平仓，都带有主观性。而根据价格的波动潜力，逐步平仓手中获利的期货合约，既能够减少价格单边运行时的持仓风险，又能提高获利潜力，是个两全其美的办法。

豆一 1305——持续减持获利如图 3-23 所示。

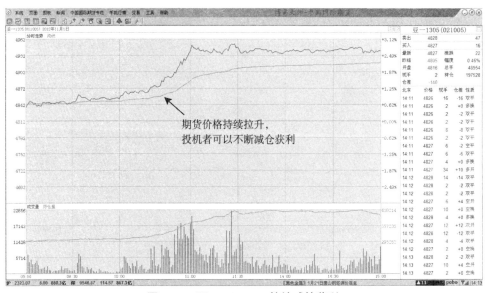

图 3-23　豆一 1305——持续减持获利

豆一的分时图显示，期货价格持续拉升的过程中，价格上涨空间还是很高的。在这种价格明确回升的趋势中，投资者可以考虑在价格回升的每个阶段减仓。比如，在价格每一次上涨 1%时，投资者就开始减仓 1/3 的仓位。在价格回升至 3%的过程中，投资者基本减仓获利完毕，这样是主动平仓获利的好办法。

要点提示

投资者获利之后的平仓方法至关重要，不同的获利空间可以有不同的平仓方式，但是投资者自己心里一定要事先设定好平仓方式，这样才能在期货价格不断变化中准确选择盈利手段。选择逐步平仓、价格波动较大后平仓或者是少量资金逐步平仓，都是可以的。关键在于价格运行的特征如何，而投资者获利目标或者是获利方式是怎样的。有既定获利目标的话，可以考虑达到获利空间的时候平仓。没有获利目标的话，根据期货品种的波动特征平仓。当然，在价格连续运行的单边趋势中，为了减少获利回吐风险，也可以逐步减少持仓数量，完成平仓获利的动作。

第四章 反转形态与趋势

第一节 反转形态促进趋势转换

一、反转形态表明多空实力转换

在期货价格的单边趋势中，反转形态的出现，意味着不仅是价格的反转，更是多空实力出现了此消彼长的转换。实际上，在期货价格发生反转的时候，多空双方的争夺早已经开始了。只不过，反转形态是多空实力加速转换的信号，成为投资者买卖期货合约的重要机会。

在单边运行的价格趋势中，只有多空中的一方能够完全控制价格的走向，另一方即便顽强抵抗，也不能轻易扭转价格的波动方向。调整会频繁地出现在单边趋势中，投资者不为价格的调整动摇持仓方向，便可在单边趋势中获利。判断多空实力出现转换的信号，是看期货价格的反转形态是否已经形成。只有反转形态得到确认，投资者持仓方向的转变才能获得交易上的成功。

二、反转形态突破趋势线

反转形态之所以成为投资者反向操作的信号，是因为价格上的反转形态已经明确突破了趋势线，这样的反转走势显然是有效果的。在单边趋势中，趋势线成为价格持续单边运行的重要支撑因素。如果趋势线被反向运行的价格有效突破，那么接下来的价格反转走势就会轻易实现。

在期货价格的单向运行过程中，操作机会并不是任何时候都存在。也许期货价格的短线波动会构成一定的反转形态。众多的类似反转形态的价格走势，一般都会以失败告终。真正的反转走势，不仅能完成完美的反转形态，还会在趋势线上精准突破。可以说，反转形态突破颈线的走势，与反转走势突破趋势线的动作同样重要，两者都为期货价格的转向提供了动力。

豆粕 1309——双底企稳形态如图 4-1 所示。

图 4-1 豆粕 1309——双底企稳形态

豆粕 1309 的日 K 线图中，价格在大幅度杀跌后出现了双底反转的形态。图中显示，期货价格在完成双底反转形态后，价格突破了前期空头趋势的下跌趋势线。这表明，双底反转形态在这个时候已经成功转变为多头趋势。反转走势非常有效，价格突破下跌趋势线后，意味着空头下跌趋势成功向多头上涨趋势转换。双底形态在这个时候所起的作用，就是促进空头趋势向多头趋势转换。把握好反转形态，投资者也就掌握了价格波动的真正趋势。

橡胶 1305——尖顶形态如图 4-2 所示。

橡胶 1305 合约的日 K 线中，期货价格的多头上涨趋势中，尖顶反转形态成为趋势转换的重要信号。自从尖顶反转形态出现以后，橡胶价格大幅度回落，并且快速跌破了上升趋势线的颈线。可见，尖顶形态的反转走势是比较有效的，毕竟期货价格的运行趋势出现了真正转变。图中橡胶价格大幅度跌破上升趋势线

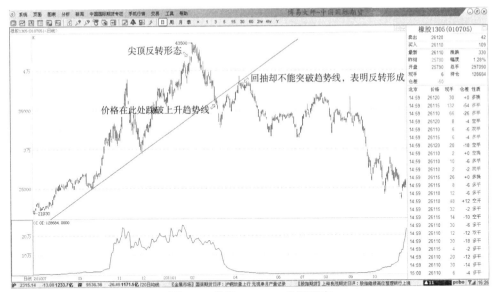

图 4-2 橡胶 1305——尖顶形态

后，回抽趋势线无果而终，自然是空头趋势出现的信号。

要点提示

在期货价格的反转走势中，反转形态不仅是趋势的转变，更是多空双方真正实力较量的结果。投资者的操作方向，取决于反转形态的指向。操作上，可以根据反转形态来判断开场方向。而今后持仓时间与获利程度，将取决于多空双方实力的不平衡状况延续到何处。多空中的一方掌握主动权的时间越长，价格单向运行的幅度也会越高，投资者更容易在反转走势中开仓并且获得源源不断的利润。

根据反转形态开仓并且获利，并不是一次性完成的获利操作。投资者可以根据反转形态从无到有、从弱到强的反转走势中，发现并且持续动用资金来做空，这样便可以最小的风险来获得潜在的高额回报。从期货价格出现反转形态，到价格单边趋势运行的过程中，投资者的资金变化是很快的。稍有操作不当，就会在错误的持仓方向上快速遭受损失。在获利的时候加仓，在遭受损失的时候理性平仓，对于保住本金获得利润至关重要。

第二节 双底（顶）形态

一、双底形态

1. 形态特征

（1）明确的下跌趋势。只有在下跌趋势中出现双底形态，才能看作期货价格反转的信号。在期货价格大幅度下挫的时候，多方实力最终会强于空方，那么期货价格也会在多空实力转换的时候出现双底反转形态。用于判断期货价格止跌回升的双底形态，必然建立在下跌趋势的前提下。也只有这样，双底反转形态才有意义。

（2）两个价格相似的底部形态。从反转走势来分析，两个价格相似的底部，是成功双底形态必不可少的条件。如果没有两个底部形态，是不可能有双底反转走势的。下跌趋势见底的过程中，期货价格两次探底的底部可以相似，也可以是持续回升的。两种情况下的底部形态，都经常出现在双底反转走势中。

（3）成功突破双底颈线。完整的双底形态，不仅是形态上的双底，还应具备价格上突破颈线的走势。如果期货价格并未有效突破双底颈线，表明双底并不是有效的反转形态，仅仅是多方短线买涨后造成的技术性反弹走势。价格有效突破双底颈线以后，才能够判断价格的突破。

豆油 1309——双底形态如图 4-3 所示。

从豆油 1309 合约的日 K 线中可以清楚地看出，价格在杀跌的时候完成了双底反转形态。空头下跌趋势成为价格超跌的导火索，期货价格最终两次反弹，就成功企稳回升。投资者若能密切关注双底反转形态中的价格变化，就不难发现买点。图中显示，双底形态包括下跌趋势、两个底部形态以及价格向上的突破走势。这三个要点缺一不可。

图 4-3　豆油 1309——双底形态

2. 最佳买点

双底形态得到确认以后，在价格突破双底颈线之时，是投资者买涨的重要机会。随着多头趋势的延续，期货价格会出现震荡回升。双底形态将成为期货价格走强的重要支撑形态。

豆油 1309——双底形态买点如图 4-4 所示。

图 4-4　豆油 1309——双底形态买点

豆油 1309 合约的日 K 线中显示，期货价格的双底反转走势非常显著，投资者可以在期货价格突破双底颈线的那一刻做多，当然也可以在期货价格高位回调颈线的时候，二次买入期货合约。突破点买入期货合约开仓，面临着价格回调的风险。而在期货价格回调颈线的时候买入开仓，就不会有这种情况出现。只要期货价格突破双底形态后，回调颈线的走势并未跌破颈线，那么追涨做多就能够成功获利。

要点提示

在真正的单边下跌趋势中，期货价格跌幅过大的情况下，价格反弹的走势很容易实现。但是，究竟何时会成为投资者的买涨信号呢？显然是在反转形态完成的时刻。在空头趋势中，反弹走势不容易变成真正的反转形态。而双底反转形态包括两个价格底部，容易成为真正的价格底部。在双底反转的第一个底部出现以后，如果期货价格第二次的反弹明显，投资者试探性地买涨开仓是可以的，如果期货价格第二次反弹走势有些上行，当双底形态明确之时，投资者做多必然获得不错的利润。

虽然投资者不知道双底形态究竟在何处出现，但是双底形态出现之时，投资者一定要保证已经有足够的资金开仓做多，这样才不会错过获利的机会。

当然，双底的反转形态与其他反转走势一样，不一定是多头趋势的起点，也可能是短线反弹走势的买点。如果事实真的是这样，考虑在期货价格触底反弹的时候做多，应该关注期货价格上涨的持续性。如果期货价格在这个阶段的涨幅不高，在资金量不高的情况下尽可能地在适当的位置兑现收益，便可获得短线买涨利润。

二、双顶形态

1. 形态特征

（1）明确的上涨趋势。期货价格双顶反转形态，必须建立在单边上涨的趋势当中。只有在这种单边向上的趋势中出现的双顶反转形态，才是比较有效的反转走势。有效的双顶反转形态，总是在期货价格涨幅过大的时候形成。单边上升的价格持续时间越长，期货价格上涨空间越高，双顶反转形态完成后对价格的影响会更大。实战当中，投资者把握好较大的单边上涨趋势中的双顶做空信号，总能够获得不错的回报。

（2）价格相似的两个顶部。双顶反转形态最为明显的信号，是价格两次冲高回落完成的两个顶部形态。期货价格两次冲高回落，显示相似的价格高位做空风险很大，投资者应该把握住做空时机，才能够获得投资利润。

（3）跌破双顶颈线的突破。双顶反转形态得到确认的重要信号，是期货价格应该马上跌破双顶颈线对应的价位。期货价格跌破双顶颈线的力度越大，相应的下跌趋势也会更加明确。实战当中，投资者会发现，期货价格以跳空回落或者是大阴线下跌的形式跌破双顶颈线，将减少非常难得的做空机会。

豆粕 1305——双顶形态如图 4-5 所示。

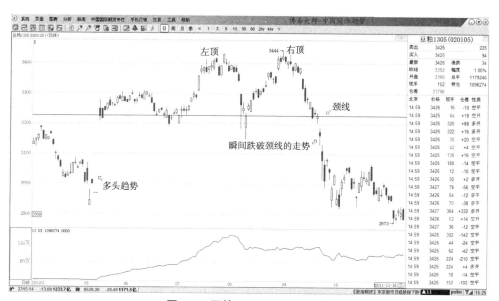

图 4-5　豆粕 1305——双顶形态

豆粕 1305 合约的日 K 线图中，双顶反转形态出现在价格顶部。图中显示，豆粕价格在冲高后不久完成了两次冲高的走势。双顶的左右两边的两个顶部，都是以圆弧形态出现的。可见，在这两个圆弧顶构成的双顶形态中，跌破双顶颈线后的做空信号是非常明显的。价格在股价跌破颈线后，下跌趋势更为明显。

2. 最佳卖点

双顶反转形态中，期货价格大幅度下跌至颈线以下的时候，是不错的做空机会。一般来看，跌破双顶颈线的期货价格，还会短线回抽颈线确认下跌趋势。一且期货价格短线回抽颈线，那也将是做空获利的重要机会。

豆粕 1305——双顶形态卖点如图 4-6 所示。

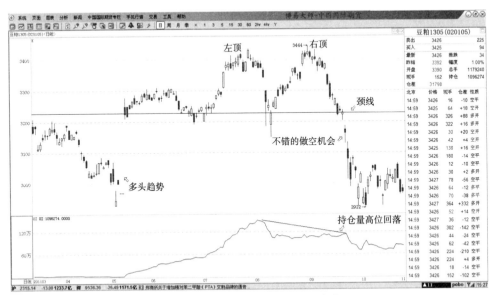

图 4-6　豆粕 1305——双顶形态卖点

豆粕 1305 合约双峰见顶以后，价格在下跌趋势中延续。比较理想的做空机会，出现在价格跌破双顶惊险的时刻。图中跳空下跌的十字星阴线，便是非常不错的做空位置。除此以外，投资者仍然有希望选择更高的价位来做空。既然期货价格的右边顶部在同样的价位附近高位回落，那么投资者可以在价格二次回落的起始点上开始做空。即便双顶反转形态没有完成（价格并未有效跌破双顶颈线），投资者仍然能够获得一定的利润。当然，双顶反转形态除了在价格上回落以外，还在持仓量上表现为下降的情况。图中显示，双顶反转形态正是多方平仓后价格才开始逐渐下挫的。发现双顶的反转形态，显然不是难事。

要点提示

双顶反转形态中，两个顶部可以是单一的尖顶形态，当然也可以是圆弧形的顶部形态。在把握反转走势的时候，关注价格的形态本身，倒不如在双顶反转形态中抓住价格跌破颈线的信号。形态上的特征只是多空双方实力此消彼长的一个见证，在价格最终跌破颈线的时刻，才是投资者做空的唯一信号。在投资者做空操作中，任何一个形态（即便是不规则的反转形态），也可以是投资者做空的信号。价格跌破顶部复杂的反转形态，都说明上涨趋势出现了逆转信号，把握好做空时机自然可以获得利润。

第三节 尖底（顶）形态

一、尖底形态

1. 形态特征

（1）明确的下跌趋势。尖底反转走势出现的前提，是期货价格运行在下跌趋势中。也只有在下跌趋势中，才谈得上期货价格的止跌回升的尖底反转形态。

值得一提的是，在尖底反转形态出现之前，期货价格还会在见底之前出现一段杀跌的情况。在期货价格杀跌的过程中，价格短时间内跌幅较大，也容易完成尖底的反转形态。尖底的反转形态，就是在下跌趋势末期因为投资者大量做空出现的反转走势。

（2）K线反转信号。在尖底反转走势的底部，必然有反转的信号才行，这是标准的尖底反转走势必备的形态特征。在期货价格大幅度下挫的时候，空方想要选择尽量高的价格做空已经不太现实。空方实力大增的情况下，投资者只能尽可能地选择更低的价格做空，才能够达到做空目标。这样一来，期货价格在杀跌的过程中低开下挫，就会成为可能。低开下跌的期货价格，最终会构成尖底反转形态的底部信号。

（3）快速反弹的走势。一旦K线形态上的反转信号出现，那么期货价格的反弹走势将会很快出现。多方持仓量在期货价格探底的时候快速膨胀，以至于这种多方资金快速扩张的势头，能够带领期货价格迅速反弹至前期高位，进一步完成尖底反转形态。快速反弹的价格走势，推动尖底形态快速形成，是不可忽视的形态因素。

黄金1306——尖底形态如图4-7所示。

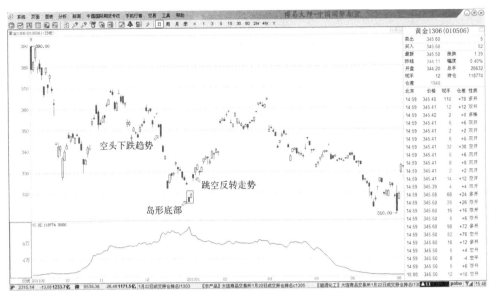

图 4-7　黄金 1306——尖底形态

黄金 1306 合约的日 K 线图中，价格在持续杀跌的过程中完成力度超跌反弹的尖底形态。从图中来看，空头趋势中的期货价格持续下挫，反弹走势也经常出现。不过，图中显示的岛形反转形态出现以后，期货价格的反转更为明显。岛形反转形态的底部，成为重要的反转信号。而期货价格前后相反的走势，表明尖底反转形态以及具备反转特征。虽然说期货价格在尖底反转中的上涨空间并不高，投资者利用这个反转形态开仓还是能够获得不错的回报的。

2. 最佳买点

尖底形态的最佳买点，出现在价格探底回升的那一刻。在期货价格跳空下跌的过程中，触底反转的形态会在 K 线形态上表现出来。不管是探底回升的单根 K 线形态，还是价格跳空上涨的走势，都能够成为投资者买涨的信号。尖底反转形态中，价格上涨速度很快，投资者速度必须紧跟价格反弹节奏，才能够获得丰厚的利润。

黄金 1306——岛形底部如图 4-8 所示。

岛形底部作为起点的尖底反转形态中，毕竟理想的买点出现在价格跳空上涨的那一刻。图中显示，期货价格跳空上涨，完成了尖底的反转形态，成为投资者的不错盈利机会。从尖底的反转形态来看，不会有比图中更好的追涨机会了。尖底反转形态中，价格反弹的节奏很快，如果对期货价格反弹空间的预期并不很

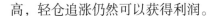

高，轻仓追涨仍然可以获得利润。

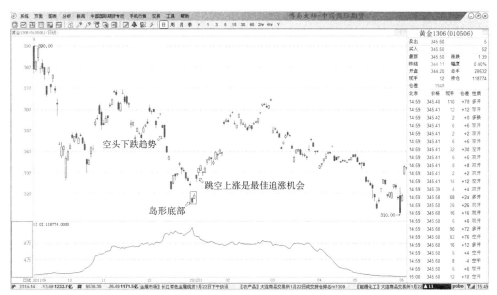

图4-8　黄金1306——岛形底部

要点提示

在尖底反转形态中，价格的底部可以是单一的 K 线形态，也可以是跳空下跌的 K 线组合形态。K 线组合形态当中，期货价格的杀跌过程中很容易出现跳空下跌的走势。这个时候，期货价格可以在底部徘徊几天后完成向上的跳空，那么尖底反转形态自然是以 K 线组合形态作为底部形态的。既然在尖底反转形态中，期货价格反弹节奏很快，那么开仓做多应该紧随价格的反弹进行。不管是以岛形反转为起点，还是以期货价格的单一 K 线反转形态作为底部。只要期货价格在见底信号后出现强势反弹，那么追涨便可获利。反弹节奏快的跳空拉升阳线，更是非常有效的尖底形态。追涨时机必须紧随价格反弹走势进行，才能够获得成功。

二、尖顶形态

1. 形态特征

（1）单边上涨趋势。顶部形态出现在期货价格单边上涨的趋势中，这并不奇怪。只有期货价格快速拉升至价格高位的时候，才有可能出现尖顶的反转形态。可以这么说，单边上涨的价格趋势为尖顶的出现创造了条件。空方虽然长时间内没能控制价格走向，却能够在尖顶反转形态出现之时控制价格趋势。

（2）价格顶部的反转 K 线。与尖底形态非常相似，尖顶反转形态同样需要 K 线上出现反转信号。也就是说，单根 K 线的反转信号，是期货价格尖顶反转走势完成的重要基础。只有单根 K 线的反转走势形成，期货价格的反转走势才会变成现实。

（3）快速杀跌的走势。在单边上涨的趋势中，期货价格冲高见顶后，还应出现加速杀跌的走势。期货价格加速下挫，才是完整的空头趋势出现的信号。尖顶的反转 K 线形态成为期货价格加速下跌的起点。做空位置选择恰当，投资者便可获得较好的回报。

黄金 1306——尖顶形态如图 4-9 所示。

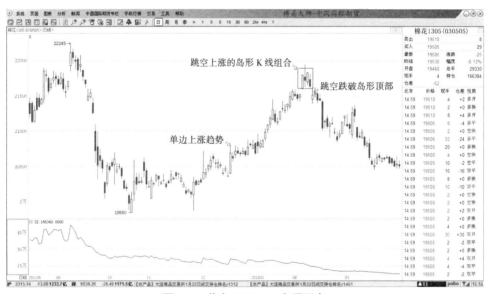

图 4-9　黄金 1306——尖顶形态

黄金 1306 合约的日 K 线中显示，尖顶的反转形态出现在价格跳空上涨的顶部。持续回升的期货价格，虽然为做多投资者带来了丰厚的利润，却也在价格冲高回落的过程中，带来了大量的投机损失。K 线形态上看，仅仅持续四天的 K 线组合形态，成为尖顶反转形态的起始点。既然尖顶反转形态中的单边上涨趋势、顶部的跳空 K 线组合形态以及跳空下跌的单边趋势已经具备，那么该反转形态就确定了。这个阶段的做空操作，显然有助于投资者获得利润。

2. 最佳卖点

尖顶反转形态中，最为可靠的做空时机，出现在高位反转形态的 K 线完成之时。如果投资者可以在这个时候少量做空，并且跟随期货价格的加速下挫不断增加做空资金，便可获得空前的成功。

棉花 1305——尖顶形态最佳卖点如图 4-10 所示。

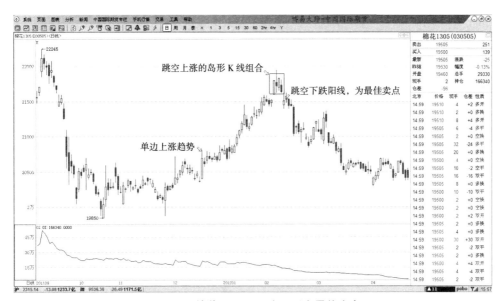

图 4-10 棉花 1305——尖顶形态最佳卖点

棉花跳空冲高的顶部，成为投资者错的做空信号。在岛形顶部中，当期货价格反向下挫的时刻，是投资者最为理想的做空时机。同一价位上反方向的跳空走势，显示反转走势已经出现了。尖顶反转形态的顶部做空信号，并不是以单根 K 线的反转形态出现的，而是以跳空到高位的四根 K 线组合形态完成的，同样也是投资者的做空机会。

要点提示

尖顶反转形态中，投资者之所以选择在价格高位做空，强势跳空尖顶的竭尽形态是重要原因。跳空上涨的期货价格却没有再次延续上行趋势，而是转为高位跳空下挫，显然是对多方一种强势打击。在期货价格的岛形顶部形态中，没有人能怀疑价格高位下挫的反转走势。反转节奏很快，第一时间里做空总是最佳的选择。即便在尖顶形态中价格出现了反弹情况，那么反弹的幅度很小，并且不会给投资者的做多操作带来有效收益。只有不是重仓操作，投资者考虑在期货价格尖顶形态的价格顶部做空，才是非常理想的做法。在尖顶反转形态中，做空投资者不仅靠判断价格方向获利，还依靠做空的速度获利。

第四节　圆弧底（顶）形态

一、圆弧底形态

1. 形态特征

（1）期货价格处于低价区。圆弧底出现之前，期货价格的回落走势持续时间较长。期货价格累计跌幅是比较大的，圆弧底部形态就是在这种情况下出现的。

处于低价区域的期货品种，短时间暴涨的概率不高。但是，随着多方资金不断开仓，期货价格的底部会不断得到确认。圆弧底的反转形态，其实就是在期货价格处于低价区域的时候，缓慢完成的一种反转走势。

（2）圆弧底形态。期货价格的圆弧底反转形态，会在价格形态上表现为圆弧底形态。随着期货价格的缓慢回落，不仅价格上会呈现出圆弧底形态，均线上也会表现出类似的圆弧底的反转走势。可以说，圆弧底在真正形成之前，这种圆弧底形态是非常重要的判断标准。随着时间的推移，投资者会发现期货价格的圆弧底形态会逐渐清晰，买入期货价格的时机也会不断得到确认。

（3）快速突破圆弧底颈线的走势。反转形态的类似特征，是价格必然在反转形态确认后出现突破的，这才是最终完成反转走势的重要条件。实际上，期货价格在反转的过程中，都会突破反转形态的颈线。圆弧底反转形态的颈线，一般就在前期价格的高位。只有期货价格突破了这一高位，圆弧底的反转形态才会最终得到确认。

沪铜1307——圆弧底反转形态如图4-11所示。

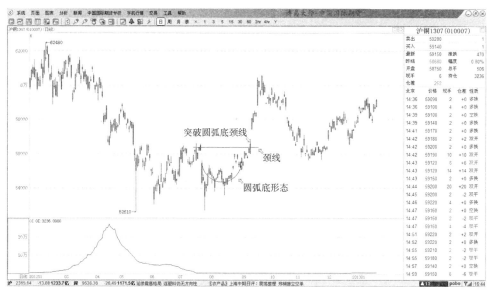

图 4-11　沪铜 1307——圆弧底反转形态

沪铜 1307 合约的日 K 线中显示，期货价格在底部见顶反转的过程中，明显地完成了圆弧形的反转形态。随着价格的回升，圆弧形反转形态加速回升，并且突破了该形态的价格高位（也就是圆弧形底部的颈线），成为投资者重要的追涨获利机会。

2. 最佳买点

圆弧底形态确认以后，价格会加速突破圆弧底反转形态的颈线，将是投资者做多的重要信号。随着上涨趋势的延续，期货价格会加速上攻，投资者可以在期货价格回升至颈线以上的时候做多，便可获得投机利润。

沪铜 1307——圆弧底反转形态买点如图 4-12 所示。

沪铜 1307 合约的日 K 线中显示，期货价格在触底反转的过程中，比较好的买点应该在价格突破前期高位的时候。期货价格突破前期高位，同时也是圆弧底的颈线所在位置，显然是投资者获得投机利润的起始点。从操作上来看，如果投资者能够及时开仓买涨，自然能够获得不错的利润。圆弧形的反转形态看似是价格缓慢上涨的形态，实际上是随着时间的推移，期货价格的上涨空间会持续增强。也就是说，投资者短时间内的获利程度会持续增加，直到价格涨幅过大冲高回落为止。图中显示，期货价格在圆弧形底部的支撑下，上涨空间的确很大，虽然没有超过前期价格高位，却明显出现了一波较大的行情，这对于做多投资者显然是个重大的利好消息。

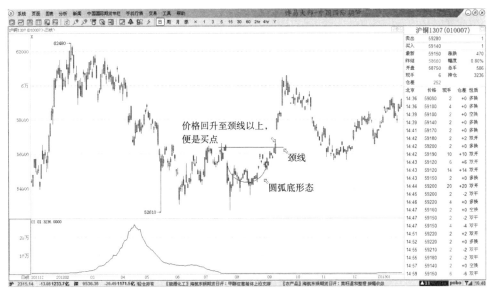

图 4-12　沪铜 1307——圆弧底反转形态买点

要点提示

在圆弧底反转形态中，期货价格在圆弧底形态的雏形出现之前，价格必然存在一定程度上的超跌走势。也就是说，虽然期货价格已经在见底回升的过程中，价格偶然的杀跌情况还是会出现的，只是大体上不影响圆弧底反转形态的完成。这样一来，当圆弧底的反转形态逐渐清晰的时候，投资者应该考虑试探性地开仓买涨了。任何下跌趋势中的反转形态完成以后，追涨的资金是非常庞大的。任何一个投资者的买涨，只是众多买涨投资者中的一员而已。一旦追涨稍微往后推移，很可能就失去理想的建仓机会。

二、圆弧顶形态

1. 形态特征

（1）价格进入高位区域。当期货价格进入高位区域的时候，多方持仓数量逐渐减小，空方资金大举介入后期货价格容易形成反转形态。圆弧顶的反转形态正是出现在期货价格的高位。在多空实力此消彼长的时候，圆弧形的顶部反转形态将缓慢形成。

（2）圆弧顶形态。形态上符合圆弧形的顶部特征，才能算是圆弧形的反转走势。圆弧形的顶部特征一旦出现，对价格走势的影响将会是长期的。短时间内来看，期货价格的回落幅度可能不会很大，长期来看期货价格的跌幅将会是惊人的。

（3）快速跌破圆弧顶颈线的走势。圆弧顶反转形态加速下跌的信号，也是在价格跌破颈线的时候开始的。随着空头趋势的加速形成，期货价格亦会加速形成，一旦价格跌破圆弧顶颈线，那么接下来的杀跌便会开始。圆弧顶的反转形态中，期货价格的下跌幅度会随着逐步增加，直到价格在底部触底反弹为止。

沪铜 1309——圆弧顶反转形态如图 4-13 所示。

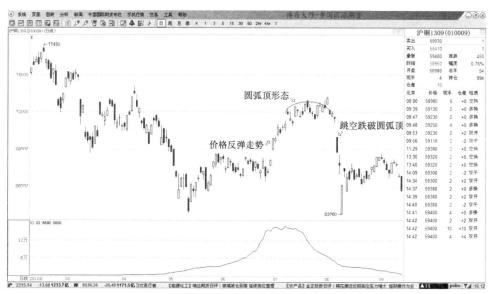

图 4-13　沪铜 1309——圆弧顶反转形态

在沪铜 1309 合约的日 K 线图中，价格在下跌过程中，短线上涨空间还是很大的。但是，下跌趋势中的期货价格短线涨幅较大，仍然不是投资者长期做多的信号。期货价格终究会出现回落走势，把握最佳卖点才能获得更好的利润。

图中显示，在期货价格短线上涨乏力后完成了圆弧顶形态。很显然，出现在反弹阶段的圆弧顶形态，是不错的做空信号。反弹仅仅是下跌趋势中的小插曲而已，期货价格高位回落才是真正的运行趋势。从圆弧顶反转形态看，价格反弹走势、圆弧形的顶部形态和跳空下挫的走势三点完全具备以后，表明投资者可以利用这个圆弧顶反转形态来做空获利了。

简单的形态往往隐藏着巨大的投机机会，沪铜的这种圆弧底反转形态就是这样的。该反转形态在价格上涨乏力的时候出现，是投资者做空的重要顶部。图中显示，具备了圆弧顶反转形态的重要特征以后，投资者在反转形态完成的过程中不断做空，自然可以获得不错的利润。

2. 最佳卖点

圆弧顶反转形态中，投资者最佳的做空时机，出现在价格加速回落并且跌破圆弧顶颈线的时刻。或者说，在期货跳空回落的过程中，相应的做空时机也就形成了。事实上，期货价格会在这个时候快速杀跌，投资者只有做空才能获得比较好的做空利润。

沪铜 1309——圆弧顶反转形态卖点如图 4-14 所示。

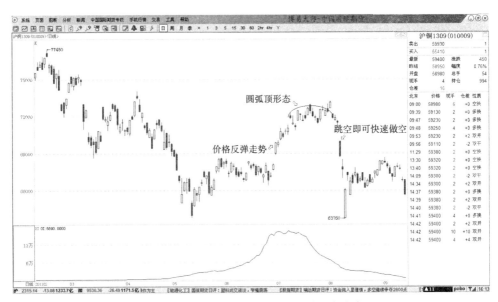

图 4-14　沪铜 1309——圆弧顶反转形态卖点

沪铜加速下跌的走势在短时间内出现，如果不是圆弧顶反转形态的出现，显然没有人能轻松料到价格的走势。圆弧顶的反转形态雏形完成的时候，投资者已经能够在这个时候做空。即便期货价格并未跳空下跌。在期货价格跳空下跌之前，投资者可以使用资金量的 1/3 或者更少来提前做空。当期货价格跳空下跌的时候，提前开仓的空单已经有所收益。在期货价格跳空下跌的时候再次动用 1/3

的资金来做空，两次做空操作便可持续带来利润。即便期货价格在跳空回落后反弹上涨，当损失与前期获利抵消后，投资者可以做到不亏出局。

要点提示

在期货价格的走势中，圆弧底和圆弧顶的反转形态虽然仅仅是方向不同，但是波动强度一般有很大不同。圆弧顶的反转形态中，价格反转之后的杀跌力度一般会很强，而圆弧底的反转形态中，价格突破后的上涨力度就相对较弱。也就是说，期货价格的波动特点也同样是"易跌难涨"的。圆弧顶的反转形态一旦出现，做空后的获利潜力会非常高。而圆弧底的反转形态中，同样时间里的获利程度可能不会很大。

第五章　调整形态与趋势

第一节　调整形态不改变价格趋势

一、下跌趋势中的调整形态

调整形态在多数时间里仅仅起到调整作用，并不改变期货价格的波动趋势。在单边运行的期货价格中，投资者的短线反向操作，容易引起价格的回调走势。调整形态就是在期货价格回调的时候形成的。尽管少数投资者能够在短时间改变价格走向，长期来看，期货价格的波动方向不会发生根本改变。调整形态充其量只起到调节价格短线运行方向的效果，价格的长期趋势还会持续下来。

在空头趋势中，期货价格持续走低的过程中，总能出现一些技术性的反弹走势。一旦技术性反弹走势出现，那么接下来的调整形态便会形成。空头趋势中的调整形态，可以认为是空头再次掌握主动权的过程。多方也许能够在短时间内控制价格走势，长期来看空方再次掌握主动权将是大势所趋。

在下跌趋势中，投资者关注调整形态的同时，可以进行短线高位做空低点买涨的操作。但是一定要注意，真正的价格方向出现在突破调整形态以后。在调整形态中短线交易的空间不高。等待期货价格突破调整形态的时候操作期货合约，是更为可靠的操作时机。

棉花1305——下跌趋势的反弹形态如图5-1所示。

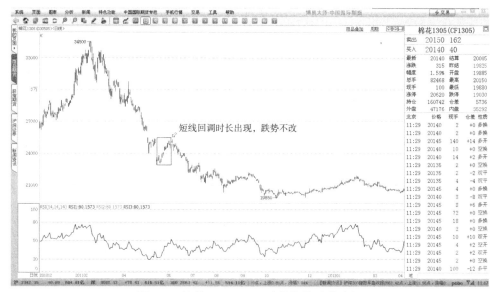

图 5-1 棉花 1305——下跌趋势的反弹形态

棉花 1305 合约的日 K 线图中，价格在下跌趋势中持续回落，但也时常出现反弹走势。棉花价格的反弹走势虽然持续时间段，又不是复杂的形态，却也是不能省去的调整形态。在棉花价格短线反弹的过程中，投资者短线买涨可减少空单损失，又不会错过短线行情。

期货价格下跌趋势中的调整形态可以是简单的反弹，就像棉花 1305 合约一样的反弹情况。当然，复杂的反弹走势也会出现。实战当中，投资者可以根据自身的情况调整仓位，迎接更大规模的下跌趋势。

沪铜 1305——价格波动较大的调整形态如图 5-2 所示。

沪铜 1305 合约日 K 线中显示，期货价格虽然短线进入调整形态，价格也出现了强势拉升的情况，下跌趋势却没有从此结束。事实上，随着期货价格短线反弹后调整到位，沪铜杀跌走势更为明显。接踵而至的下跌阴线，对买涨的投资者来说可谓当头一棒。在这种明确的下跌趋势中，期货价格的单边下挫情况一旦出现，任何调整形态都只是过眼烟云。

不可否认的是，下跌趋势中的调整形态为投资者创造了开仓的重要机会，随着调整形态逐渐完成，成功开空仓的投资者获利空间将会瞬间膨胀。在下跌趋势中的调整形态完成开仓动作，虽然会承受短线损失，相比今后单边下跌趋势中的获利潜力简直不值一提。

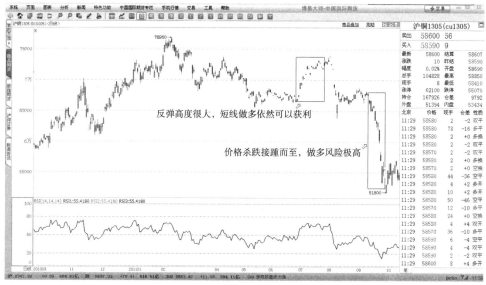

图 5-2　沪铜 1305——价格波动较大的调整形态

要点提示

　　在期货下跌的单边趋势中，反弹调整的情况持续时间很短，一般都是脉冲形式的拉升。既然是脉冲形式的拉升，那么不仅价格上涨空间有限，持续时间也是非常短暂的。空头随时都有可能发力打压期货价格，投资者买涨的仓位必须非常谨慎，否则必将造成很大的投资损失。在单边下跌趋势中，明智的投资者会不断寻找短线做空的时机，把握住期货价格的大行情。只有投机操作频繁的散户，才会在调整形态中纠缠于反弹获利。相比单边上涨的走势，单边下跌的空头趋势期货价格下跌的速度可以更有力度。由此看来，投资者将更多的资金倾注于空头趋势而不是调整走势，才是获利的正确做法。

二、上升趋势中的调整形态

　　上升趋势中的调整形态与下跌中的调整走势相似，只是价格的调整方向是向下的。在上升趋势中，期货价格达到某一位置后的阻力往往很大。这样，就需要多方再次增加资金，才能突破高位价格阻力。空方在调整形态中强烈影响价格走势，导致期货价格在一段时间内都未能出现有效突破。

　　在期货价格的上升趋势中，与其说持有多单等待价格再次突破，倒不如短线减仓来迎合即将到来的调整形态。上升趋势中的调整形态多数是整体向下回落的，这也给投资者双向开仓提供了机会。在双向操作的调整形态中，投资者获利期望不应过高，特别是随着调整形态的延续，期货价格波动空间不断收窄的过程中，基本上不存在有效的获利空间。这个阶段，轻仓持有期货合约并且做好止损操作，才是万全之策。在价格二次突破之时补仓，便可获得比较好的投资回报。

橡胶1305——上升趋势中的回调形态如图5-3所示。

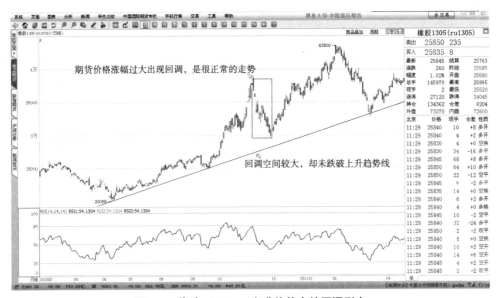

图5-3　橡胶1305——上升趋势中的回调形态

橡胶1305合约日K线图中，出现在上升趋势中的价格回调幅度虽然较大，却未跌破前期已经确认的上升趋势线。也就是说，期货价格的回调走势是以上升趋势线为支撑线的，在期货价格大幅上涨过程中，价格短线回调显然为那些"唱反调"的投机户创造了获利条件。要知道，在期货市场里"只有赚不完的差价，没有走不完的行情"。上涨趋势中出现的期货价格的回调情况，可以当作投资者轻仓获利的短线机会，却不应贪婪地持仓等待获利。

豆粕1309——上午趋势中的空头陷阱如图5-4所示。

豆粕1309合约的日K线图中，期货价格持续上涨的途中，出现了短线空头陷阱。投资者虽然可以在这个时候开空仓获利，却仅仅是短时间的蝇头小利。豆粕的上涨趋势还未结束，价格短线回调的幅度虽然不高，却显然会对多头造成影

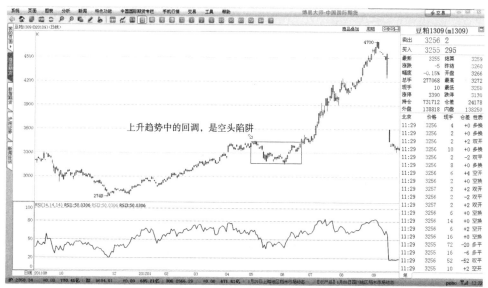

图5-4　豆粕1309——上午趋势中的空头陷阱

响。在期货价格持续上涨的过程中，短线价格回调走势为看空投资者的做空陷阱，期货价格高位下跌是很难的，特别是在单边上涨的行情中更是如此。抓住单边大行情的同时，避免短线调整带来损失，才能真正获得利润。

要点提示

在单边上升的多头趋势中，投资者获利丰厚可以兑现做多利润。一旦持有多单的投资者大量平仓，那么短线做空实力必将顺势提高，价格回调的概率就很大了。在期货价格多头趋势中，真正实力强的主力并不会在做空上做很大文章。随着价格的震荡回升，即便是期货价格大幅度回落，也将是看涨投资者的加仓机会。出现在多头趋势中的做空机会，应该留给那些极具投机性的小散户。要想在单边上涨的多头趋势中获得更高回报，在获利的时候逐渐提高多单数量是必经之路。

第二节 三角形调整形态

一、形态特征

1. 对称三角形

期货价格波动空间逐渐收窄，价格高位不断降低而价格低点不断升高，连接不断降低的价格高位和不断回升的价格低点，可以得到一个对称三角形形状。对称三角形的波动空间逐渐收缩，直到价格波动空间几乎消失，那么突破走势就会在这个时候出现。对称三角形的调整形态完成以后，价格突破的方向要根据期货价格所在位置判断。

L1305——对称三角形如图 5-5 所示。

图 5-5 L1305——对称三角形

L1305 合约的日 K 线图中，期货价格短线波动幅度很大，但是价格波动强度在逐渐收窄。图中显示，连接价格高位和低点以后，俨然是一个上下对称的三角形形态了。价格虽然没有持续上扬，对称的反转形态出现在这个时候，显然对今后价格的企稳起到了支撑作用。如果考虑到前期价格跌幅较大的走势，这个时候出现的对称三角形形态，今后发展成为突破后的单变上扬趋势，也是很有可能实现的。操作上，投资者应该把握好做多机会，才能更好地获得利润。

2. 上升三角形

在期货价格上涨的趋势中，价格运行至某一高位的时候遇到了强大阻力，致使期货价格短线出现回调的情况。在期货价格回调的过程中，低点不断被抬高，而高位始终没有发生变化，随着交易的进行，连接期货价格的短线高位和逐步回升的价格低点，便可以得到上升的三角形形态。一般来看，上升三角形的调整形态会被大阳线突破。上升三角形的价格高位阻力虽然较大，却最终会被震荡走高的价格突破。

菜油 1305——上升三角形如图 5-6 所示。

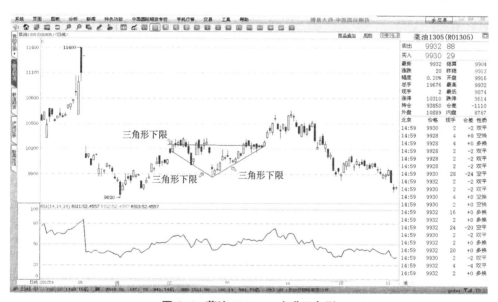

图 5-6　菜油 1305——上升三角形

菜油 1305 的日 K 线图中，期货价格短线杀跌后显然出现了企稳的迹象。价格探底回升的走势转变为上升三角形形态。三角形形态的两个底边构成了重要的支撑线，而三角形的上边是重要的阻力位。这样一来，实战当中这种处于临界状态的三角形调整形态，一旦加速突破三角形上边，必将成为重要的做多位置。三角形的调整形态中，期货价格底部被不断抬高，而价格高位却没有发生任何变化，显示出空方已经力不从心，投资者顺势买涨逐步做多必将大获全胜。

3. 下降三角形

在期货价格的下跌趋势中，价格回落至某一个低点的时候，短线支撑效果较好，期货价格开始出现反弹的走势。但是，空头趋势中高位做空的资金很强大，价格反弹后不久，都是以二次回落至价格低点结束。在空方持续做空的过程中，期货价格的反弹力度逐渐减弱，最终，连接价格的高位和低点，便可以得到明显的下降三角形形态。

PTA1305——下降三角形如图5-7所示。

图5-7　PTA1305——下降三角形

PTA1305 的日 K 线中显示，期货价格高位见顶以后出现了震荡下挫的情况。如果连接期货价格的短线底部的话，能够得到三角形的重要底边。而连接期货价格的高位，则得到了下降三角形的上边。在三角形调整形态中，期货价格的波动空间逐步收窄以后，操作空间已经很小了。既然如此，期货价格必将出现突破的情况。在价格朝向一个方向突破之前，投资者可以考虑提前动用一部分资金来开仓，以便获得较好的回报。

二、突破后的买卖机会

1. 突破对称三角形一边

对称三角形的调整形态中，价格波动过程中突破方向并不容易判断。除非投资者已经知道价格处于超涨或者超跌状态，否则只能等待价格突破对称三角形一边后，才能判断突破方向和开仓方向。在对称三角形形态中，价格突破三角形调整形态的一边后，短线回抽的可能性是很大的。投资者可以利用期货价格回抽三角形一边的走势把握开仓机会，便可以获得利润。

L1305——对称三角形的突破如图 5-8 所示。

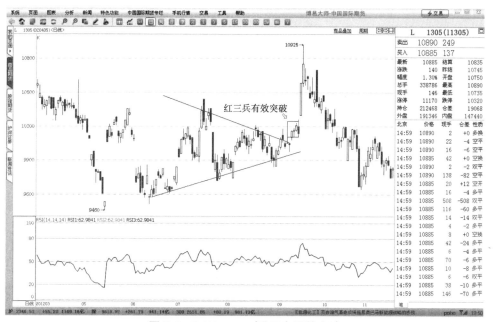

图 5-8　L1305——对称三角形的突破

L1305 合约的日 K 线图中，价格已经出现了明显的突破。红三兵的 K 线形态出现以后，期货价格短线上涨幅度虽然不高，形态上的突破是显而易见的。对称三角形的上边压力已经不足以压制期货价格，在三根小阳线突破的那一瞬间，投资者显然可以快速开仓买涨。价格突破后的上涨效率很高，投资者开仓以后接下来的三个交易日便可获得不错的利润。图 5-8 中显示，红三兵形态突破三角形以后，L1305 合约大涨了 3.98% 和 2.48%。这样看来，计算 10 倍杠杆在内的获利潜力，高达（3.98%＋2.48%）×10＝64.6%。

2. 突破上升三角形上限

在上涨趋势中，上升三角形的上限压力较大，价格非常不容易出现突破走势。不过随着多方不断反攻，价格一再挑战高位阻力的过程中，期货价格最终能够在某一时间突破三角形上限。一旦期货价格突破三角形上限，那么投资者必然应该尽快买入期货合约，方能获得较好的投机回报。

菜油1305——上升三角形的突破如图5-9所示。

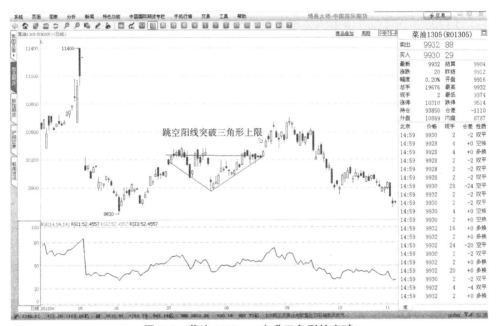

图5-9　菜油1305——上升三角形的突破

菜油1305的日K线图中，期货价格短线调整的力度虽然很大，却没有持续创出新低。图中显示，价格短线探底回升以后，连接期货价格的底部，构成了两条非常重要的支撑线。而期货价格的短线高位的连线中，却是一条横向运行的直线。持续上升的三角形形态中，一旦价格向上有效突破，便可认为是重要的买涨机会。

上升三角形的调整形态中，价格底部可以被持续抬高，当然也可以是如图中所示的探底回升的抬高情况。不管怎样，价格底部被拉升了起来，而期货价格的高位却没有发生改变，显示出多方暗中操作期货价格已经有了成效。这样的情况如果延续下来，期货价格必将在某一时刻突破三角形的上边，那样的话是看涨投机者重要的操作机会。后市来看的确出现了跳空小阳线，显然成为投资者短线买涨的重要信号。

3. 跌破下降三角形下限

下降三角形的下限是横向运行的，而三角形的上限从价格高位不断震荡回落，显示出空方不断打压期货价格的过程中，三角形的下限承受了巨大的抛压。一旦期货价格瞬间跌破三角形下限，那么随之而来的做空潮就会汹涌而至。即便前期看涨的投资者，也会随时加入到做空大军当中。投资者如果判断期货价格已经跌破了下降三角形的下限，那么及时跟随空头主力做空是必然选择。一般来看，跳空跌破下降三角形的走势，要求投资者及时做空才能获利，而如果期货价格短线跌破三角形下限后向上回抽，也同样是做空机会。

菜油 1305——下降三角形的突破如图 5-10 所示。

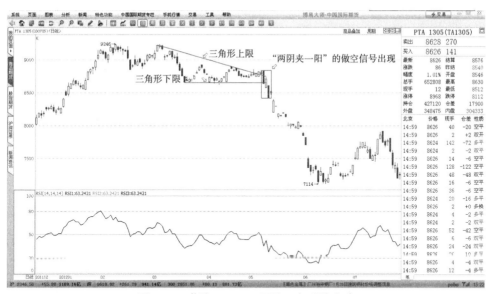

图 5-10　菜油 1305——下降三角形的突破

菜油 1305 合约的日 K 线中，期货价格已经在空头趋势中持续下跌。图中显示，期货价格短线高位不断收缩，而价格的底部却没有发生任何变化。一旦期货价格跌破三角形的下线，那么做空机会就会马上到来。期货价格的两个阴线夹一根小阳线的形态，显然是期货价格持续下跌的起始信号。在图中位置做空开仓以后，价格下跌带来的回报还是很惊人的。

要点提示

在单边趋势中，期货价格向一个方向的突破是渐进的，并非一步到位的单边行情。这样一来，阻力位总会给期货价格的调整创造条件。不管是多头趋势中的调整还是空头行情中的调整，三角形的调整形态都会在这个时候出现。三角形的一边是价格的阻力位置，而三角形的另一边是价格的支撑位置。当期货价格顺利突破支撑线或者阻力线以后，开仓机会就很快形成。三角形的调整形态为投资者提供的支撑和压力线非常清晰，依靠该反转形态来操作期货合约，本身就是理想的获利手段。

第三节　菱形调整形态

一、形态特征

1. 扩散的三角形

菱形形态是由一个扩散的三角形和一个收敛的三角形组成的复合形态。扩散的三角形形态中，多空双方争夺非常激烈，价格上波动空间不断扩大，就说明了这个问题。在多空双方资金大量消耗以后，波动空间不断扩大的三角形形态就完成了。扩散三角形形态中，价格波动空间不断加剧的时候，投资者短线操作期货合约的盈利空间会不断增强。如果在这个时候做短线买卖期货的操作，很容易获得较好的回报。

豆粕 1305——扩散三角形如图 5-11 所示。

豆粕 1305 合约的日 K 线中，期货价格已经在短线波段空间扩大的情况下，形成了一个扩散的三角形形态。在扩散的三角形形态中，价格高位不断被突破，而期货价格的短线低点也被跌破，这样的短线操作机会是很多的。只有这种价格双向波动的情况延续下来，投资者的短线利润就会持续获得。

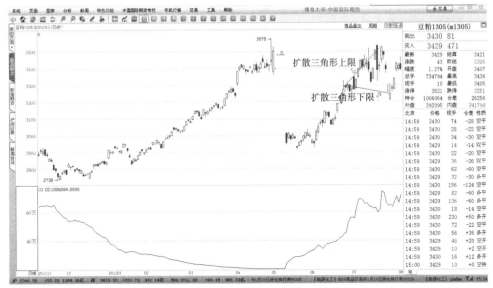

图 5-11 豆粕 1305——扩散三角形

2. 收敛的三角形

在扩散的三角形形态持续一段时间后，价格波动空间已经大大提高，多空双方的资金大量消耗以后，双方不断平仓获利，便会导致价格波动空间收窄。收敛的三角形形态就会在期货价格波动空间收窄的时候形成。菱形调整形态中，扩散的三角形和收敛的三角形共同构成了菱形调整形态。可以说，菱形调整形态是一个总体收敛的调整形态。在菱形形态中，投资者有机会获得短线投资利润，又可以在期货价格突破后获取单边操作的利润，可谓二者兼得。

豆粕 1305——收敛三角形如图 5-12 所示。

在豆粕 1305 完成了扩散三角形不久，接下来的收敛三角形调整形态就已经形成了。价格在短时间内逐步收缩波动空间的时候，收敛三角形成为期货价格突破之前的重要形态。即便不是作为菱形调整形态的一部分，三角形的调整形态也经常出现在期货价格中。三角形形态的价格运行趋势是逐步收敛的，这对于即将突破的期货价格至关重要。收敛的三角形形态中，多空双方争夺趋于稳定，价格突破后新的趋势将会出现。

3. 整体收敛的菱形

期货价格之所以会形成菱形调整形态，主要是多空双方对未来方向都持乐观态度，双方在买卖两个方向加仓后，价格波动空间自然会加大。但是，期货价格

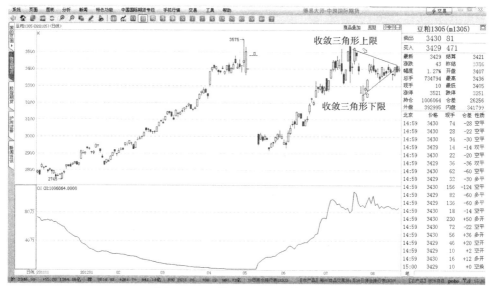

图 5-12 豆粕 1305——收敛三角形

的波动方向是唯一的，实力不强的一方，总会败下阵来。随着菱形调整形态的完成，价格波动空间整体收缩，直到期货价格向一个方向有效突破以后，投资者的真正机会才会出现。

豆粕 1305——整体收缩的菱形如图 5-13 所示。

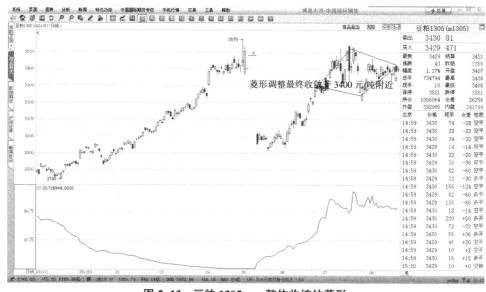

图 5-13 豆粕 1305——整体收缩的菱形

菱形调整形态是一个整体收敛的形态。虽然扩散的三角形形态是该形态的一部分，却不能掩饰逐步收敛的三角形形态形成。图中显示，期货价格在高位震荡过程中逐渐减小了波动空间。加速波动的扩散三角形，仅仅是菱形调整形态的一部分而已，另外一部分则是收敛的三角形形态。而菱形调整形态作为一个整体，也是价格形态从发散到收敛的过程。这种价格收敛的过程中，与其他的调整形态非常相似。

二、突破后的买卖机会

1. 菱形调整内部的短线机会

菱形调整形态中，期货价格波动空间加剧的扩散三角形形态中，投资者的盈利空间会逐步扩大。在这个阶段，正是投资者双向开仓获取短线回报的重要机会。菱形调整形态出现之前，期货价格可以处于上涨趋势中，当然也可以处于下跌趋势。菱形调整形态的出现，正是改变前期价格趋势的重要信号。不管菱形调整形态后价格的运行趋势如何，仅从菱形中的扩散三角形来看，就已经是不错的短线投机机会了。

豆粕1305——菱形内部操作机会多如图5-14所示。

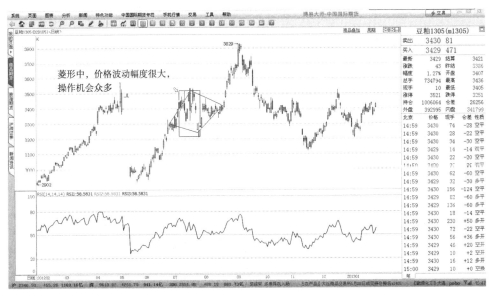

图5-14 豆粕1305——菱形内部操作机会多

菱形调整形态的内部波动空间还是很高的，投资者可以在菱形波动强度较大的阶段高位做空和低位买涨，短线利润也同样不错。特别是组成菱形的扩散三角形形态中，价格短时间内波动强度很高，投资者短线操作必然获得不错的利润。菱形的形成过程中，扩散三角形的形态是不可逾越的过程。价格只有在扩大波动空间的过程中，才有可能在今后出现收缩的情况。投资者选择在菱形内部短线操作，而在期货价格突破菱形形态以后快速增加持仓资金，便可获得不错的利润了。

2. 突破菱形后的开仓机会

当菱形调整形态完成之时，期货价格的波动空间已经收缩得很小。即便期货价格在这个时候出现突破，那么突破一定是持续的加速突破，而不是突然出现的突破走势。在菱形调整形态中，多空双方争夺异常激烈。菱形调整形态完成之时，资金实力不强的一方已经不能控制价格波动方向，而另一方则可以掌控价格波动趋势。不管是多方还是空方掌握了主动，都会在突破菱形形态的时候加速拉升或者打压期货价格，相应的突破自然会出现。

豆粕1305——红三兵突破菱形买点如图5-15所示。

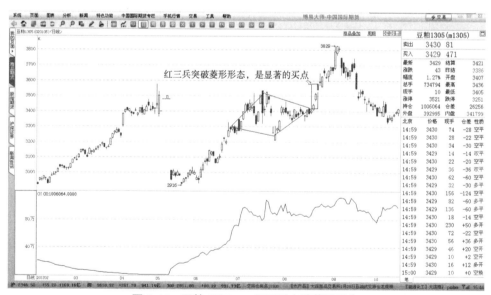

图 5-15 豆粕 1305——红三兵突破菱形买点

豆粕 1305 的日 K 线中，菱形的调整形态被突破的那一刻，出现了跳空上涨的红三兵 K 线形态。图中显示，三根拉升的小阳线以跳空的形式出现后，明显突破了价格收窄的菱形调整形态。红三兵的 K 线形态本身就是非常难得的看涨形态，如果从配合跳空来看，无疑为期货价格的上涨增加了足够筹码。任何一个期货价格跳空回升的走势，投资者都不应该忽视。特别是在有效突破调整形态的情况下，投资者顺势开仓的获利概率相当高。在期货价格跳空上涨的阶段，缺口对价格的支撑力度很强，短时间内价格的回落是不容易实现的，而价格连续上涨的可能性却非常高。

在菱形调整形态中，扩散的三角形是菱形形态的一部分。而扩散的三角形形态的价格高位，也同时是菱形调整形态的价格高位。在跳空回升的红三兵突破这一高位后，接下来的回升空间就会被打开。投资者做多开仓的操作，其实也是价格突破后的顺势操作手段，更容易获得利润。

要点提示

菱形调整形态算是比较复杂的形态了，该形态完成之前，投资者不可轻易做多和做空。菱形调整形态与其他调整形态相似，也是在价格收缩的过程中实现的。这样一来，投资者根据调整形态的运行情况，便可判断出理想的操作机会。既然菱形调整形态是由两个三角形构成的，那么投资者判断期货价格突破菱形形态，与价格突破三角形调整形态非常相似，判断操作机会并不困难。

第四节　楔形调整形态

一、形态特征

1. 上升楔形

上升的楔形调整形态，出现在期货价格大幅度回落以后，是多方短线买涨后造成的调整形态。在上升楔形形态中，价格高位虽然不断回升，但是每一次回升的高度都在减小。而价格低点虽然也不断被抬高，价格抬高的程度也在减弱。如果连接价格高位和价格低点，便可形成一个向上回升的楔形调整形态。当看涨的投资者不断减少做多资金的时候，期货价格的上涨幅度将会减少为零。那么上升楔形调整形态，早晚会转变为下降的楔形调整形态。投资者可以在这个阶段考虑做空，便可获得比较好的回报。

螺纹 1305——上升楔形形态如图 5-16 所示。

图 5-16　螺纹 1305——上升楔形形态

螺纹 1305 合约的日 K 线图中，大跌之后的期货价格出现了企稳回升的情况。图中显示，期货价格波动空间很小，并且在震荡上行的过程中不断收窄波动空间，显然是空头趋势中楔形调整的情况。在这种情况下，短线投机交易的获利空间是很小的。一旦期货价格的楔形调整形态持续到无法进行的程度，那么突破走势必然成为投资者重要的开仓机会。螺纹 1305 合约的楔形调整形态持续时间长达 4 个月之久。但是从价格的走势来看，并未出现显著的突破。在长时间的调整中，多空双方似乎已经习惯了价格窄幅波动的走势，并且对螺纹的交易失去了兴趣。这个阶段，投资者可以等待真正的行情到来，再采取开仓措施获得利润。

2. 下降楔形

在期货价格大幅度上涨以后，空方做空压力增加以后，期货价格会自然回调。在回调的走势中，价格高位和价格低点都在不断回落，但是打压价格的空方力量会逐渐减弱，期货价格的下降波浪不断减弱并且消失以后，投资者连接楔形调整的价格高位和低点，便能够得到相交于一点的楔形形态。在上涨趋势中出现的回落的楔形调整形态，一般会以向上的突破结束。也就是说，下降的楔形调整形态一般不会改变价格上涨的大趋势。

沪铜 1305——下降楔形形态如图 5-17 所示。

图 5-17 沪铜 1305——下降楔形形态

沪铜 1305 合约的日 K 线图中，期货价格大幅度下跌以后，价格在反弹过程中形成了一个楔形形态。短线来看，沪铜 1305 合约的下跌走势已经出现了企稳的情形。楔形调整形态的出现，给投资者短线喘息的机会。后期沪铜的运行方向，还要看突破的方向才能判断。

二、突破后的买卖机会

1. 楔形内部的短线操作机会

楔形形态中，虽然期货价格波动空间逐步收窄，但是投资者的操作机会依然存在。按照楔形价格高位和价格低点确定的运行趋势，投资者可以考虑短线操作期货合约，获得高位做空和低点买涨的利润。虽然期货价格波动空间逐步收窄，但是只要楔形上限和下限的距离足够投资者开仓获利，那么短线机会就始终存在。

在楔形调整形态中，期货价格的波动空间可以持续收窄，当然价格收窄所用时间也许会很长。不管怎样，从操作机会的把握上看，投资者可以顺势而为。只要楔形调整仍然延续，开仓以后获利潜力较大（远高于止损带来的损失），那么投机者顺势操作就不会有问题。

螺纹 1305——下降楔形做空机会如图 5-18 所示。

图 5-18　螺纹 1305——下降楔形做空机会

螺纹 1305 合约的楔形调整形态持续时间很长，投资者的短线高位做空和低点买涨的获利空间被逐步压缩。图中显示，在楔形调整形态最初形成之时，价格波动空间还是比较高的。随着连续几波短的震荡以后，价格已经能够稳定在一个平台之内。再想出现较大的突破走势，还需等到期货价格突破楔形调整形态以后才行。

随着楔形调整形态越来越清晰，投资者可以在楔形上限附近做空，并且在楔形下限买涨，便可获得比较有效的投资回报。考虑到价格的运行有很大的不确定性，期货价格的波动强度较高的时候，容易突破楔形形态。在价格波动空间不足的情况下，又有可能在未接触楔形上限（或者下限）的情况下，就开始转变运行方向。这样的话，投资者实际获利空间会被轻易压缩。

2. 突破楔形的开仓机会

在楔形调整形态中，期货价格突破位置是最为重要的开仓时机。楔形调整形态的价格波动区间逐渐收窄，突破楔形的走势随时都可能出现。一旦价格突破了楔形调整形态的上限或者下限，那么随之而来的单边趋势就将再次出现。考虑到楔形调整形态也是个不稳定的形态，在价格有所突破之时，投资者的开仓操作应该尽快做出。

沪铜 1305——突破下降楔形上限如图 5-19 所示。

图 5-19 沪铜 1305——突破下降楔形上限

沪铜 1305 合约的底部楔形调整形态，终究被跳空上涨的三根阳线突破。期货价格的波动空间持续收窄以后，多方发力拉升期货价格，并且有效突破了楔形上限，显示出单边趋势再次发酵。事实上，在这种单边突破的多头趋势中，投资者的开仓机会很容易兑现，跳空红三兵形态便是可靠的做多信号。一般来看，期货价格突破调整形态后，如果回调走势短时间内并未出现，那么这种突破就是相当有力度的。实战当中，投资者可以放手买入这样的期货合约，以便获得比较高的投机利润。价格波动可能很反复，但是突破调整形态的行情一般都很大。观望心态也许在沪铜调整的时候适用，在价格出现突破以后却不再适用。

螺纹 1305——跌破上升楔形下限如图 5-20 所示。

螺纹 1305 合约的楔形调整形态持续时间很长，就在期货价格跌破楔形下限的时候，价格并未出现杀跌的情况。这表明，多空双方已经习惯了调整走势，对即将出现的突破并未引起关注。价格在楔形调整形态中的突破是双向的，但是突破楔形上限的走势，显然是假突破。在期货价格短时间突破楔形上限以后，螺纹

图 5-20 螺纹 1305——跌破上升楔形下限

价格随之快速杀跌并且一次性跌破了楔形的下限，显示出空方做空能量还是很强的。螺纹价格双向突破以后，价格显然已经进入空头趋势。即便期货价格在楔形形态以下弱势整理，也不能避免日后螺纹价格的大幅度走低。

从卖点上看，投资者在期货价格跌破楔形形态以后，就可以马上用少量资金开仓做空了。在楔形调整形态以后，螺纹价格震荡整理，同样是投资者重要的做空机会。楔形形态对期货价格的压制效果明显，弱势整理不能改变下跌的大趋势。把握好机会持续增加空单数量，必然在后市当中获得丰厚的利润。

要点提示

楔形调整形态，与三角形调整形态非常相似，都是在压力线和支撑线不断靠近的过程中完成调整形态的。期货价格总要突破楔形调整形态的上限或者下限，这与三角形调整形态的突破也很相似。一旦期货价格波动空间不断收窄到几乎消失的程度，那么距离突破也就不远了。一般来看，楔形调整形态可以是持续形态，当然也可以是调整形态，这要看价格是否会出现收敛的情况了。在楔形调整中，收敛的期货价格，总能提供给投资者不错的突破信号，这是投资者开仓获利的关键。

第六章　持仓变化与趋势的反转

第一节　多头趋势中的持仓萎缩

一、持仓回升期价上涨的情形

持仓量只有不断回升，期货价格才能够持续上涨。在多头趋势中，持仓量的不断膨胀，表明做多的投资者在不断增加，期货价格继续上涨的动力会持续增强。倘若多方主力不再增加做多筹码，那么期货价格上涨动力就会出现乏力的情况。事实上，期货价格在大幅度上涨以后，高位回调正是由于多方获利回吐以后，空方实力相对增强的情况下出现的。

期货价格比较正常的上涨趋势，是以持仓量不断回升作为支撑因素的。在实战当中，投资者能够发现期货价格之所以上涨缓慢，与持仓量的"原地踏步"有关。越是到期货价格高位突破的阶段，持仓量的快速放大更是重要。一旦持仓量指标出现滞涨甚至萎缩的情况，期货价格再要创造新高，是不太现实的事情。在多头趋势中，持仓量放大一般是多空双方同步增仓的结果。当然，多头趋势中买涨投资者的增仓，对价格的上涨更为重要。也就是说，在期货价格大阳线出现的过程中，持仓量指标会快速回升。在期货价格的多头趋势中，良好的多头趋势是以持仓量的膨胀以及期货价格的大幅度回升作为前提的。

豆粕1309——持仓与期价同步回升如图6-1所示。

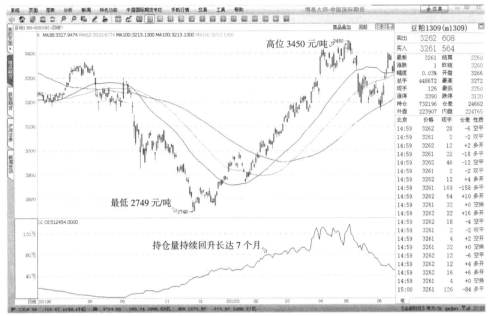

图 6-1 豆粕 1309——持仓与期价同步回升

豆粕 1309 合约的日 K 线图显示，期货价格的回升趋势还是非常明显的，这得益于持仓量曲线的持续回升。在期货价格回升阶段，多方不断开仓推动着期货价格不断上扬。实战表明，在持仓量持续回升的阶段，期货价格回升的脚步不会停止。即便持仓量短时间内回升的幅度不大，多方加仓趋势未变的情况下，期货价格依然能够维持在高位运行。

持仓量连续回升的 7 个月中，豆粕 1309 合约从价格底部的 2749 元/吨大幅度上扬到 3450 元/吨，上涨幅度高达 25.5%。持仓量从价格开始回升时的 40 万手大幅度增长到 120 万手以上。多方在增加多单的过程中，期货价格稳步上升，这才是投资者真正要把握的多头趋势。

要点提示

在期货价格上涨的时候，场外投资者不会对价格回升趋势置之不理，必然想方设法买入期货合约，获得价格上涨的利润。这样一来，期货价格很容易被多方买涨资金推动，并且进入到不断回升的牛市中。多方持仓数量不断膨胀的过程中，获利丰厚的主力开始逐渐减少持仓数量，散户也跟着空头主力不断做空，如果多单平仓数量还不足以抵消场外买涨投资者的资金，那么价格就能够继续回升。倘若多方主力短时间内大幅度减少持仓数量，那么接下来的价格回落就会成为现实。在多头趋势中，持仓回升对价格上涨十分重要。两者同步回升，才是健康的牛市行情。

二、持仓萎缩是价格见顶信号

在期货价格大幅度上涨的阶段，持仓量出现萎缩迹象，一般是价格回调前的信号。如果在单边上涨的势头中，期货价格上涨而持仓量迅速萎缩，那么显然是多方主力平仓兑现利润的信号。在多头趋势中，持仓量的萎缩显示出多方对今后价格表现的信心在快速下降。操作上来看，小资金的投资者必须以持仓量指标作为减仓的依据才行，既然主力已经高位平仓了，散户再怎么买涨也不可能改变期货价格回调的命运。

在单边上涨的多头趋势中，即便持仓量出现萎缩的情况，价格的回调也是需要时间的。因为持仓量高位运行的过程中，多方即便在价格高位平仓兑现利润，也不可能一次性完成。这样一来，等待做多持仓量真的已经不能再回升，而期货价格开始冲高回落的时候，才是投资者做空的信号。

豆粕 1309——持仓萎缩的顶部信号如图 6-2 所示。

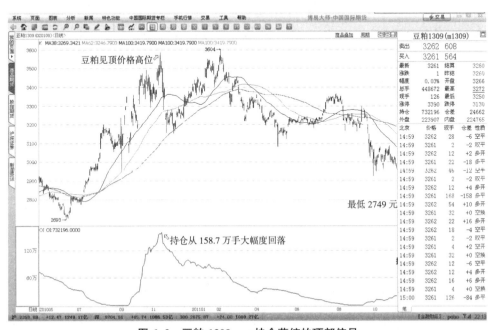

图 6-2　豆粕 1309——持仓萎缩的顶部信号

豆粕 1309 合约的日 K 线中显示，持仓量在高位 158.7 万手见顶的过程中，期货价格果然出现了高位回落的情况。图中显示，期货价格从高位杀跌以后虽然缓慢拉升，却在几乎相同的价位二次见顶。这样的双顶反转形态表明，没有持仓量连续回升的大趋势，期货价格很难维持高位运行。

判断期货价格在上涨趋势中见顶时机，可以从持仓量指标上看出来。多方拉升期货价格的时候必然动用大量资金，持仓量回升正是多方资金不断膨胀的时候出现的。一旦多方开始兑现买涨利润，那么不仅持仓量指标会快速回落，豆粕价格也会随之大幅度杀跌。虽然多方主力不可能一次性平仓手中的期货合约，但是主力大笔资金平仓以后，期货价格必然大幅度杀跌。后市没有了多方主力大单支撑，期货价格也就很难有良好表现了。

总之，期货价格持续回升的时候持仓量出现回落，对多头趋势来讲是个致命打击。多方主力大手笔平仓以后，期货价格再要上涨是非常困难的。如果持仓继续回升，期货价格缓慢上移的话，一旦持仓萎缩到一定程度，期货价格也就自然回落了。豆粕 1309 合约的下跌趋势就很容易说明问题。

要点提示

在期货价格持续回升的多头趋势中，持仓量的增加并非没有见顶的时候。当多方主力不再持续看涨，并且在获利幅度增加的时候开始减少持仓数量，将是期货价格大跌的前兆。期货价格上涨而持仓量回升，是明显的背离信号。在持仓与期货价格上涨趋势背离以后，价格的顶部一定会形成。持仓短时间内回落幅度越高，期货价格高位回落的可能性越大。豆粕 1309 合约的高位杀跌走势，就是在持仓量短时间内快速萎缩后出现的。既然持仓量萎缩而期货价格大涨的情况并不合理，投资者对这种背离信号一定要引起重视。背离信号不仅是多头趋势中反向做空的机会，更是看涨投资者高位减仓的信号。

第二节　空头趋势中的持仓萎缩

一、持仓回升期价格下跌的情形

持仓量回升而期货价格持续杀跌的走势中，持仓代表空方的资金实力。在期货价格杀跌的走势当中，空方不断增加做空的筹码，导致价格在没有像样的反弹情况下不断杀跌，做空投资者必然获得丰厚利润。

既然持仓量在期货价格下跌的过程中代表了空方的资金实力，那么投资者显然不能忽视这一趋势中的持仓萎缩变化。空方打压期货价格的资金足够强，才能不断加强空头趋势。持仓指标如果能够跟随期货价格同步回落，那样的空头趋势就会长期延续下来。实战表明，不经意的反转走势，总是出现在持仓量大幅度萎缩后出现。在空头趋势中，虽然期货价格在底部的跌幅不是很大，但是做空投资者很可能已经获利丰厚。这个阶段，空方持仓数量也会出现快速萎缩的情形。投资者如果买涨的话，在持仓量大幅度萎缩以后少量买入期货合约，是不错的做法。

棉花 1309——持仓回升期价下跌如图 6-3 所示。

棉花 1309 合约的日 K 线图中，价格从高位的 34870 元/吨大幅度杀跌至 20850 元/吨附近。而持仓量曲线显示，持仓也从底部的 30 万手大幅度上涨到了 48 万手的高位。空头趋势中持仓量大幅度回升，表明空头主力在不断地增加空单数量，这也是期货价格能够持续被打压的前提。

持仓量从 30 万手回升至 48 万手，回升空间为 60%，也是比较大的增幅了，而棉花 1309 合约高位震荡回落的走势，显然是空方增仓做空的结果。在空头下跌的走势中，持仓量指标如果始终震荡回升，那么期货价格见底反转很难出现。在多头趋势中，多方持续增仓的时候期货价格能够正常上涨。空头趋势中也有同样的问题，只有空方不断增加做空仓位的时候，期货价格才能够持续杀跌。在持仓回升而棉花价格不断震荡回落的走势中，投资者做空便是最好的选择。

图6-3　棉花1309——持仓回升期价下跌

要点提示

　　持仓回升而价格下跌的情况表明，空方在价格回升的阶段增加了空单数量，这有助于价格的不断回落。相比多头趋势中的持仓回升，空头趋势中的持仓回升也是正常走势。多头趋势中多方在增加多单数量，而空头趋势中空方增加空单数量，同样有助于单边趋势的运行。在期货价格不断杀跌的走势中，投资者如果判断持仓量指标并未出现回落情况，就可以在这个阶段不断做空，必然持续获得利润。

二、持仓萎缩是价格见底信号

　　在持仓量大幅度萎缩以后，期货价格虽然不一定马上触底回升，但是回升的动作一定会出现。在期货价格的主要下跌趋势中，做空的主力已经获得相当可观的收益。即便期货价格依然在空头趋势中运行，空头主力由于更换期货合约以及兑现收益需要，也会平掉手里持有的仓位。这样一来，持仓量指标从高位快速萎缩以后，投资者便可以发现相应的买点了。

　　在空头趋势中，期货价格的正常回升趋势，应该是在多方增加多单的基础上形成的，而不是在空方减少做空仓位的时候实现。这样一来，投资者在空头趋势中使用持仓萎缩信号来做多，就要十分小心了。期货价格在空头趋势中的反转不容易实现，但是空方持仓数量大幅度减小以后，反弹走势还是很容易形成的。投资者如果想要在持仓萎缩阶段买入期货合约，就要关注价格高位回落的风险。空方做空力量随时可以卷土重来，一旦价格再次出现回落信号，投资者短线兑现做多收益为好。

豆粕1305——持仓萎缩的底部信号如图6-4所示。

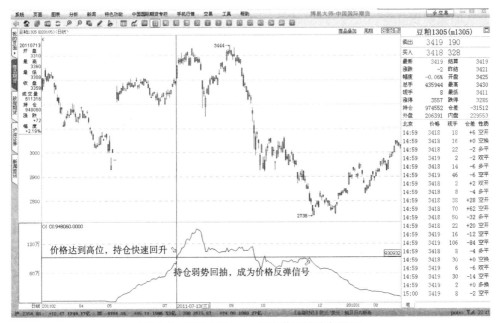

图6-4　豆粕1305——持仓萎缩的底部信号

豆粕1305合约的日K线图显示，持仓量曲线出现了高位震荡回落的情况。随着持仓量一再下跌，并且在跌破持仓量的横盘区域以后回抽无效，表明做空投资者的做空能量已经消退。既然持仓量已经在期货价格持续回落的时候明显萎缩，那么价格的跌势有望出现缓解。

从豆粕1305合约高位双顶反转形态来看，价格的高位杀跌正是源于持仓量的快速萎缩。从期货价格与持仓量指标的互动情况来看，两者同步回落到一定程度的时候，价格自然出现了触底回升的走势。

在持仓量首次高位回落的时候，虽然豆粕价格也在这个时候同步杀跌，但是接下来的反弹显然是出乎意料的。既然空方主力已经大幅度减持,为何期货价格还会出现反弹情况呢?豆粕价格的短线反弹完成双顶走势,是多方残余势力做多以及场外短线看涨投资者买涨导致的,并非是豆粕价格运行的大趋势。当持仓量不能回升而期货价格反弹幅度过大的时候,双顶形态自然在这个时候出现。

要点提示

在空头趋势中,持仓量不断萎缩的走势,与期货价格的下跌是背离的情况。背离总会结束,而期货价格的探底回升也会在背离消失的过程中形成。操作上,持有空单的投资者不应孤注一掷,也应随时考虑期货价格可能会出现的反弹走势,避免因为持仓量与价格背离后的反弹中遭受损失。豆粕1305合约在空头趋势中的情况,就是持仓大幅度回落后,期货价格最终出现超跌反弹的情况。

值得一提的是,豆粕价格的大幅度回落后的反弹走势,并不是看涨投资者主动加仓的时候形成的。持仓量萎缩的过程中,多方同样在减小持仓数量,只不过相对于空方减持力度不够大。这样一来,豆粕价格在持仓量明显萎缩的时候也能够超跌反弹。实战表明,投资者可以在期货价格大幅度上涨而持仓继续回落阶段买涨,便可在多头趋势中获得稳定利润。

第三节 多头趋势中的反向加仓

一、多头趋势中的背离信号

多头趋势中,期货价格之所以能够持续不断地上涨,原因在于持仓多单的主力资金并未退出。在多头趋势中,从持仓量指标上判断期货价格的上涨潜力,是非常有效的手段。期货价格可以不断创新高,而即便持仓量指标已经出现了回落的情况,也能够维持价格在上涨趋势中运行。

持仓量指标达到历史新高的情况下,期货价格的上涨空间可以非常大。这个时候,投资者就会发现即便持仓量指标原地不动,期货价格依然可以持续不断地上涨。这是什么原因呢?期货价格不断上涨的动力,来源于控盘程度很高的多方主力资金。既然多方已经持有大量的仓位，并且资金实力远远胜过空方，那么期货价格将很容易被多方操纵。只要多方持仓数量没有明显萎缩，那么价格的持续上涨动力就会始终存在。

从持仓量指标来看，只要该指标没有出现反转回落信号，那么期货价格就能沿着多头趋势运行。在持仓量与期货价格达到一定程度的背离以后，在持仓量与期货价格同步回落的时候，才是最终的做空信号。

棉花 1305——持仓萎缩的顶背离信号如图 6-5 所示。

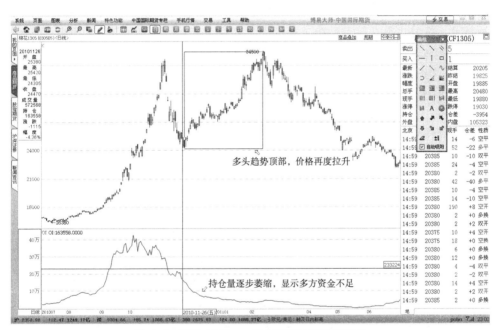

图 6-5　棉花 1305——持仓萎缩的顶背离信号

棉花 1305 合约在多头趋势中持续回升的时候，持仓量指标已经明显萎缩了下来。棉花价格与持仓量的走势关系，明显与前期不同。前期棉花价格高位回落以后，持仓量指标已经深度萎缩下来。而接下来的期货价格的反弹走势，正是在持仓萎缩的情况下实现的。没有多方增加多单数量，期货价格居然也能够震荡回升，这显然没有道理。只能说在棉花价格上涨的过程中，多空双方同步平仓以后，价格能够勉强震荡回升。

一旦持仓量萎缩到一定程度，并且期货价格与持仓量同步回落的时刻，那将是投资者做空的重要价格顶部。

在期货价格上涨的多头趋势中，持仓量在这个时候萎缩，明显是背离信号。在背离走势达到一定程度之时，期货价格就会高位自然回落。这个时候，价格和持仓同步下跌的顶部卖点就出现了。

要点提示

在持仓量很高的时候，期货价格不断上涨也可以在持仓回升中实现。多方资金实力很强，并且早已经动用大笔资金来开仓买涨。即便在期货价格不断回升的时候出现持仓萎缩情况，价格同样能够稳定上涨。期货价格上涨而持仓萎缩的背离信号，经常出现在较大的牛市行情中。在商品期货的牛市阶段，看涨投资者会不断减少持仓数量。不过，鉴于场外看涨投资者还是很多的，价格短时间内不容易高位回落。但是，一旦期货价格已经出现了杀跌的情况，并且持仓量出现相当大的萎缩，那么即便在价格反弹走势中，多头趋势持续规模也不会很大。在期货价格上涨阶段，价格与持仓背离后的高位反弹，不值得投资者做多。

二、背离可持续做空

期货价格与持仓量背离的走势，虽然不是正常的多头趋势，却能够在长时间内延续下来。也就是说，持仓量指标可以高位横向运行或者短线回落，但是期货价格却沿着多头趋势不断向上运行。在实际操作中，期货价格可以与持仓量背离的情况下达到很高的程度。事实上，期货价格的大幅度上涨，并不需要无限大的持仓量指标，只要持仓量达到一定程度，而期货价格依然处于合理的价位，那么今后即便持仓量与上涨的期货价格出现背离的情况，这种多头趋势中的背离也不会马上消失。

作为资金强大的空方，不会在重仓的情况下做空持续上涨的期货价格。但是，随着持仓量的不断萎缩，上涨的期货价格早晚会在某一价位上见顶回落。投资者虽然不能判断出真正的价格顶部，却知道背离会在某一位置消失。这样一来，投资者在上涨的期货价格与持仓量指标背离的过程中增加做空资金，也能在将来的某个时点获得做空利润。

棉花1305——持仓跌破低点的做空机会如图6-6所示。

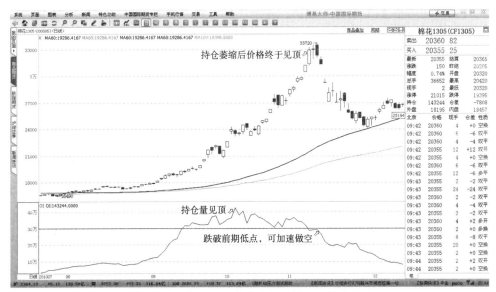

图6-6 棉花1305——持仓跌破低点的做空机会

　　棉花1305合约的日K线中显示，价格持续回升的时候持仓量曲线并未出现同样的情况。在持仓量缓慢震荡的过程中，图中跌破持仓量曲线支撑位置的时刻，是不错的做空信号。

　　在期货价格不断拉升的多头趋势中，持仓量指标不可能始终运行在原来位置；更何况，棉花1305合约大幅度回升的时候，持仓量指标趋势已经在震荡过程中缓慢回落。多方持有的头寸显然是不稳定的，在持仓量指标跌破高位平台阶段，期货价格也开始杀跌走势，便是背离达到一定程度以后的做空机会。如果说投资者拥有足够多的做空资金，即便是在多头趋势中，依然可以不断增加空单数量。一旦持仓量曲线与期货价格同步高位回落，就将是比较好的卖点。

　　在持仓量曲线与期货价格背离的时候，空方总会想方设法去增加空单做空。但是，期货价格的单边趋势不容易改变，背离必须到一定程度之后，价格才会从高位反转回落。投资者在期货价格回升阶段，如果根据持仓与价格的背离信号采取买涨措施，必然应该选择恰当的价格高位才行。如果开仓价格相对较低，那么随着期货价格的回升，投资者即便到时候能够在高位做空获利，那么获得利润之前承受的损失也是很高的。

　　如此一来，把握好持续上升的期货价格与持仓量背离的卖点，并非那么容易。投资者必须非常熟悉价格的运行节奏，才能够抓住更为精确的卖点。

要点提示

在期货价格不断拉升阶段，投资者在做空位置可以选择在持仓快速杀跌的时候。从持仓量曲线来看，只要持仓从高位平台大幅度回落，并且期货价格也同时出现下跌迹象，那么将是投资者做空的重要时机。在空头趋势中，持仓不断回落的过程中，并不是价格不会回落，而是要等到持仓量深度下挫后，期货价格才会出现明显的反转迹象。考虑到多方持仓主力平仓手法不一，一旦多方短时间内平掉更多的仓位，那么持仓量指标必将大幅度杀跌。这个时候，投资者应该考虑短时间内做空，以便在空头趋势中获得利润。

第四节 空头趋势中的反向加仓

一、空头趋势中的背离信号

期货价格在空头趋势中运行，空方持有的仓位应该维持在较高水平。即便在期货合约即将交割的末期，持仓量的回落也不应引起期货价格的大幅度上涨。这样的话，空头下跌趋势才会不断延续。在空头趋势中，期货价格持续回落而持仓量也处于回落趋势中，表明持空单投资者正在逐步减仓。持仓量指标下跌速度过快，必然导致期货价格触底回升出现。在空头趋势中，持仓量指标回落而期货价格也在回落，这是不正常的价格走势，是重要的背离信号。

背离信号的出现，表明期货价格会在某一时刻见底回升。场外准备做多的投资者，必须关注持仓量指标与期货价格的运行关系。考虑到有效的反弹或者反转走势，总是在多方持仓达到一定程度后出现。一旦期货价格反弹中持仓量迅速回升，那么将是多头趋势中的多方增仓信号。投资者在这个时候做多，面临的风险就很小了。

豆粕1305——持仓萎缩的底背离信号如图6-7所示。

图 6-7 豆粕 1305——持仓萎缩的底背离信号

豆粕 1305 合约的日 K 线显示，期货价格已经在回落趋势中延续了很长时间，而相应的持仓量指标也在持续不断地回落。持仓回落而期货价格下跌的情况，显然是两者背离的走势。这样一来，背离更加严重后的价格反弹将会出现。从图中来看，豆粕 1305 合约的下跌经历了两个明显的回落波段，而持仓量曲线也在价格护理阶段中明显萎缩。考虑到价格运行方向一定是双向的，在豆粕价格大幅度杀跌以后，反弹走势一定会出现，特别是持仓量不断萎缩的时候，这种价格的反弹是早晚的事情。

从豆粕 1305 合约的走势来看，该合约在持续下跌长达 3 个月以后，的确出现了反转走势。价格反弹的节奏很快，在与前期相似的时间里，就达到了前期价格高位。可见，空头趋势中持仓量与价格的背离不应持续时间太长，一旦时间过长，那么价格会在空方持仓不足的情况下自然触底回升。空头趋势中，投资者把握背离的买点与多头趋势中的背离卖点相似，等待价格反转走势的出现，背离一定到了非常严重的程度。

要点提示

在期货价格不断回落的过程中，持仓量指标也出现回落的情况，表明两者之间的背离情况出现了。真正的下跌趋势，持仓量是不应该出现回落的。既然持仓量已经在期货价格下跌的时候出现萎缩情况，那么背离信号必然导致价格触底反弹。豆粕 1305 合约的走势表明，期货价格在持仓量明显跟随价格回落的过程中，豆粕价格在下跌途中出现了自然回升的情形。事实上，在做空投资者看来，价格不断下跌确实是减仓的机会。不必等到价格真正见底的时候再考虑减仓，空方主力很可能早已经在价格回落的过程中就开始平仓。这样一来，持仓量萎缩到一定程度以后，期货价格自然会在做空力量减轻的时候出现反弹走势。在豆粕下跌过程中，买点其实是不经意出现的。

二、背离可持续买涨

在期货价格持续下跌的空头趋势中，持仓量指标可以与期货价格不断背离，但是背离是有限度的。当期货价格加速下跌而持仓量指标也同步大幅度回落以后，短线的反弹走势很可能会出现。或者说，在持仓量指标快速萎缩而期货价格加速回落的过程中，反转走势会在某个时点出现。

在期货价格单边下跌的过程中，持仓量指标回落到一定程度以后，投资者是可以趁机开仓买入期货合约的。毕竟，背离再怎么说也不是长期走势，期货价格必然在下跌趋势中反转。当持仓量指标与期货价格的背离达到一定程度以后，投资者就可以逐步增加多单数量了，以便在期货价格企稳回升的阶段获得不错的利润。

豆粕 1305——持仓跌破平台的开仓机会如图 6-8 所示。

豆粕 1305 合约的空头趋势中，投资者利用持仓回落而价格下跌的背离信号，能够完成底部买涨获利的操作。在期货价格下跌的过程中，持仓量从高位的 10 万手平台回落后，再次跌破了 7 万手的持仓平台，这样一来，期货价格与持仓的背离两次被扩大了。实战表明，持仓与期货价格两次大幅度背离以后，价格反转的可能性将大大提高。也就是说，在持仓两次回落而期货价格也两次杀跌的过程中买涨，投资者一定能够获得买涨收益。

图中显示，在豆粕价格首次持续回落以后，持仓量也在 A 位置跌破了持仓高位，显示出持仓与价格的首次背离出现。第一次背离以后，豆粕价格短线反弹的幅度并不大。但是在持仓量第二次回落，并且在图中 B 位置跌破了持仓量 7 万手的平台以后，豆粕的确出现了反转的情况。

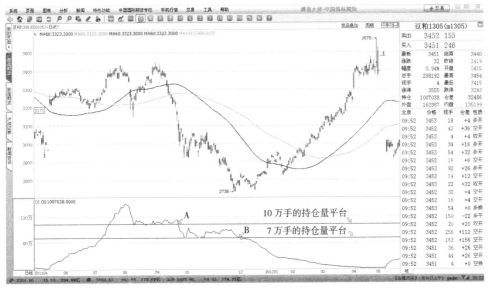

图 6-8　豆粕 1305——持仓跌破平台的开仓机会

由此看来，豆粕回落过程中既然已经与持仓量背离，那么每一次的背离必然的短线买涨的信号。两次背离走势中，豆粕价格分别出现了小幅反弹和持续反转的情况，表明我们的判断是非常正确的。

要点提示

从持仓量指标来看，期货价格从底部反弹上涨的时点，应该在持仓量加速回落阶段。什么是加速回落阶段呢？也就是持仓量第一次、第二次甚至在第三次跌破持仓量重要支撑位的那一刻。倘若价格真的能够回升，那么一般情况下持仓第二次大幅度回落便是重要的看涨信号。从豆粕 1305 合约的反弹走势来看，在持仓两次跌破重要支撑位的时候，最终的反弹出现。这样看来，我们的判断是非常正确的。若不是较大的空头趋势，期货价格是不会连续出现三波以上的杀跌的。特别是在持仓量两次大幅度回落的时刻更是如此。

第七章　经济指标与期货价格关系

第一节　PMI 与期货价格走势

一、PMI 指标概述

采购经理指数的英文简称就是 PMI，一般包括服务业和制造业的 PMI 指数。通过月度采购经理的问卷调查，得出可信的 PMI 指数，对投资者来讲非常重要。PMI 指数可以说是投资者掌握的经济脉搏，把握期货价格走向的重要技术指标。有了 PMI 指标，投资者便可以使用最为简便的方法，判断经济运行趋势，为期货市场的投机获利创造条件。

从 PMI 指数的计算上看，是对生产、新订单、雇员、供应商配送与库存五类指标加权计算，便可得到综合的指标走向。用于计算 PMI 指标的五项内容，虽然只是反映经济活动的现实情况，但是 PMI 指数则能够反映出制造业的整体运行情况。采购经理人仅仅需要对被调查的问题做出定性（回答上升、不变和下降）的回答。通过汇总后得到各项调查所占的统计比率，就可以得出相应的结论。

每个月的第一个或者第二个工作日发布，是 PMI 指标的发布时间。从时间的超前性来看，PMI 指标又具有很强的及时性。对于 PMI 指标的这种及时预期作用，得到了使用者的广泛好评。

计算得出的 PMI 指数处于 50% 以上时，表明经济活动呈现出扩张趋势；如果 PMI 处于 50% 以下，经济就会处于衰退趋势中。可以说，PMI 指数的关于50% 的位置，已经能够提前预测出经济发展的趋势增长或者是下降。按照 PMI 指引的经济发展趋势，投资者很容易判断出这个阶段的商品价格的基本走向，为期货投机活动创造条件。

PMI 指标的计算虽然简单，但实际上具有很多重要的特征：

1. 简单性

PMI 指标的组成部分简单，并且相应的调查数据的统计和处理也是比较简单的，这样该指标使用起来显然很方便。简单的 PMI 指标背后，却是实际运用的有效性。投资者依据 PMI 指标关于 50 线的关系可以明确判断出经济走向，为期货交易提供第一手资料。

2. 及时性

从 PMI 指数的发布时间来看，就有其他指标不可比拟的优越性。提前根据采购经理人的调查报告得出的 PMI 指标，能够给投资者第一手关于经济运行情况的提示，帮助投资者获得比较好的关于价格方向的提示。相比官方月末发布的经济数据，PMI 指数已经提前一个月出现，对投资者的指导作用更是不可忽视的。

3. 可靠性

由于 PMI 指标的计算数据全部来自于采购与供应经理，因此对于数据不会做出任何的修改和调整。这样，就保证了 PMI 指数的可靠性。另外，对 PMI 指数进行季节性调整的措施中，也消除了节假日因素的影响，能够得出比较可靠的数据。

4. 总体性

PMI 指数的综合性非常强，能够反映经济活动当中的各方面内容，并且能够预期经济发展的趋势转变。不仅有助于投资者更好地进行投资，也有助于指导国家对经济进行调控。

二、PMI 与期货价格走势

PMI 指数——月度数值变化如图 7-1 所示。

PMI 指标从 2008 年开始的数据变化图显示，该指标多数处于 50 以上，表明仅仅处于扩张阶段。但由于受 2008 年金融危机的影响，PMI 指标在 2008 年出现了深度探底的情形，该指标一度回落至 2009 年 1 月的 40 以下，显示这个时候的经济受到了很大冲击。一般来看，PMI 指标通常不会深度下跌，更不用说跌至 40 以下了，一旦 PMI 指标深度下跌到 40 以下，表明经济收缩速度很快。在这样的

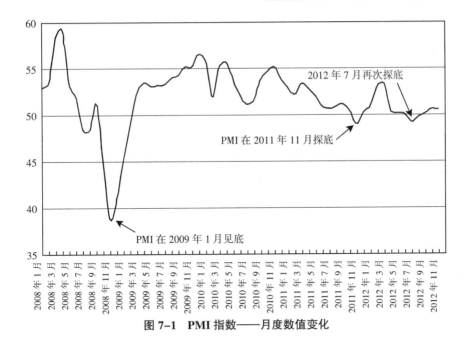

图 7-1　PMI 指数——月度数值变化

情况下，对大宗商品的需求会急剧下滑，而相对过剩的大宗商品价格的回落也必然反映在期货价格上。

从 PMI 指标的走势看，2011 年 11 月也出现了该指标回落至 50 以下的情况，但这并不同于 2008 年指标的深度下挫。2011 年 11 月和 2012 年 7 月的 PMI 两次探底，说明经济已经在弱势中出现探底的情况。PMI 指标在 50 以下区域完成的双底形态，可以看作经济走势企稳的重要信号。

PMI 指标走势，表明经济走势的预期发展方向。而经济预期发展方向，又包含着对大宗商品价格影响的信号。经济景气的时候，PMI 指标自然回升至 50 以上的区域，这个时候便是期货价格回升的阶段。一旦 PMI 指标回落，表明经济走向趋缓，期货价格也会随之回落。

沪铜 1309——日 K 线图如图 7-2 所示。

沪铜 1309 合约的日 K 线显示，期货价格非常重要的底部，出现在 2009 年的 2 月底，这与 PMI 指标在 1 月见底是相同的。因为，PMI 指标的发布会提前一个月，该指标既然在 1 月见底，说明 2 月的颈线已经探底，那么沪铜价格在此时企稳回升，自然也是很有道理的。

接下来的 2011 年 11 月前后，以及 2012 年 8 月，期货价格也同样出现了价

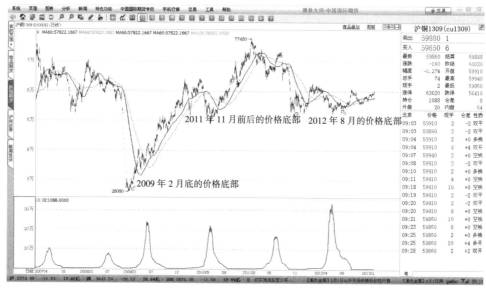

图 7-2   沪铜 1309——日 K 线图

格底部，这与 PMI 指标在 2011 年 11 月和 2012 年 7 月见底是同步的。这样一来，投资者根据 PMI 指标判断经济走向，以便为今后操作期货合约提供信息，这样做的效果还是非常理想的。考虑到 PMI 指标发布的超前性，必然对投资者买卖期货合约提供了相当大的帮助。PMI 指标提前一个月表明经济的运行状态，其实也是大宗商品需求的状况。投资者根据 PMI 高低来判断期货价格的运行方向以及反转位置，是非常不错的手段。

值得一提的是，PMI 指标虽然能够反映经济运行的大方向，表明经济扩张或者萎缩的趋势，却没有定量的标准供投资者判断期货价格走势来使用。这样一来，投资者可以根据 PMI 指标来判断期货价格走向的大方向，而不局限于价格的短期涨跌。PMI 指标反映的经济运行趋势，是以月份来计算的，而对应的期货价格的走向，也不会在超越月份的时间段里出现更大的行情，这一点投资者应该知道。

要点提示

PMI 的基本运行趋势应该始终处于 50 以上，这样的话，经济才会处于扩张状态。在经济处于扩张状态的时候，大宗商品的需求量就相对较大，价格容易在需求旺盛的情况下出现较大的涨幅。投资者判断大宗商品价格的波动方向，显然应该更加关注经济基本面的情况，也就是看PMI指数在50线的位置以及涨跌变化趋势。如果PMI短期波动较大，出现了深度跌破50的情况，大宗商品价格出现回落是必然的。而一旦PMI始终处于50以上，并且在震荡回升，那么商品期货价格也会同步回升。

有一点非常重要，那就是当PMI处于50以上的时候，商品价格的牛市行情基本不会出现改变。而一旦PMI指标跌破50线，说明经济的扩张趋势转变为萎缩趋势，那么投资者显然应该在这个阶段不断做空，才能够获得较好的回报。PMI指标的运行趋势，实际上也是大宗商品价格的运行方向，两者有很强的正相关性。商品价格的走势即便没有与PMI指标同步波段，也绝不会轻易背离运行，这一点投资者应该清楚才行。

第二节　CPI 与期货价格走势

一、CPI 指标概述

消费者物价指数便是CPI，反映了居民生活有关的各种商品和劳务的价格变化。一般来说，CPI指数是反映通货膨胀水平的重要指标，该指标走高意味着商品价格会持续上涨，指标回落的话，表明商品价格会持续回落甚至出现通货紧缩。

CPI指数是反映消费物价指数的总体情况和变化趋势。当CPI指数上升的时候，说明物价已经在上涨中，通货膨胀就会出现加剧的情况。随着经济的发展，CPI的上涨是不可避免的事情，但是凡事都有两面性，CPI指数在上涨的过程中推高了商品价格，如果居民的工资水平没有相应提高的话，就要出问题了。较高的（3%以上）通货膨胀水平，总会表现在居民存款的购买力下降上。

资料显示，CPI指数的构成包括以下八大类：①食品31.79%；②烟酒及用品3.49%；③居住17.22%；④交通通信9.95%；⑤医疗保健个人用品9.64%；⑥衣着8.52%；⑦家庭设备及维修服务5.64%；⑧娱乐教育文化用品及服务13.75%。

CPI指数的意义，主要在于该指数不仅反映了通货膨胀水平，还反映了货币购买力和对职工工资的影响。当然，CPI最直接地反映了价格上涨达到了什么样的一个程度，可以作为投资者买卖期货的一个重要操控指标。

1. 反映通货膨胀水平

通货膨胀水平究竟到了什么程度，可以使用 CPI 来具体地测量？商品价格的运行趋势，已经在 CPI 指数上表现得非常清晰。而 CPI 指数的上涨必然导致大宗商品需求的回升，是投资者操作期货价格的重要参考指标。

2. 反映居民实际工资的变化

如果不考虑居民工资波动的话，消费者价格指数 CPI 的回升，表明居民实际工资的减少。而如果 CPI 指数出现回落的话，那将表现为居民实际工资的增加。这样，通过判断消费者物价指数 CPI 的变化趋势，判断居民的购买能力的变化其实很容易。

3. 反映货币购买力的变化

购买力会因为通货膨胀的存在，出现微妙的变化。当通货膨胀出现的时候，商品价格就会持续回升，购买力因为价格的上涨而出现降低的情形。可以说，通货膨胀的存在是购买力降低的重要原因。也许投资者会想，汇率的变动都会影响到购买力，但是通货膨胀对购买力的负面影响是不可忽视的。

二、CPI 与期货价格走势

CPI 指数——月度数值变化如图 7-3 所示。

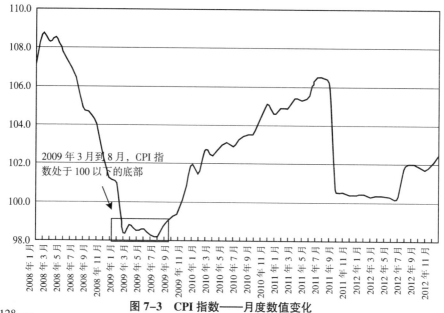

图 7-3　CPI 指数——月度数值变化

　　从 CPI 指数的运行情况来分析，价格处于回升阶段的时间处于大多数。而短期来看，从 2009 年 3 月到 8 月，CPI 处于 100 以下的底部区域运行，表明这个阶段的物价指数处于快速回落阶段，显示经济发展的确遇到了相当大的困难。

　　一般来说，经济发展的过程中，物价指数 CPI 是不会轻易跌破 100 的，一旦这种情况出现，表明经济短线的走向处于回落阶段，对商品需求的萎缩必然打压价格。而大宗商品的产量和销量都很大，也更容易受到经济景气度的影响。在物价指数 CPI 短线回落的阶段，大宗商品价格不可能运行在价格高位。投资者可以根据 CPI 指数的波动情况判断操作机会，以此来获得比较理想的投资利润。

　　白糖 1309——日 K 线图如图 7-4 所示。

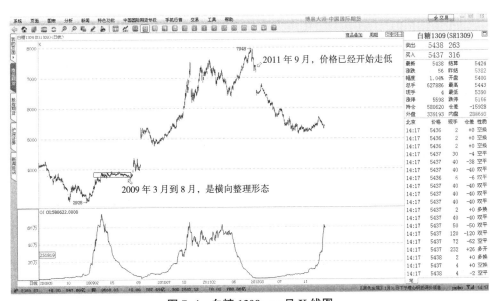

图 7-4　白糖 1309——日 K 线图

　　白糖 1309 合约的日 K 线图显示，期货价格在 2009 年 3 月到 8 月期间，虽然没有大幅度回落，却明显运行在高位横盘区域。一般来看，这种长期蛰伏的价格形态，显然是需求不振的结果。根据 CPI 指数走向来判断，该指数运行在 100 以下的低点阶段，也正是白糖 1309 合约蛰伏的阶段，显示出 CPI 指数对白糖价格的影响还是很深的。

　　在度过了 2009 年 3 月到 8 月的 6 个月时间以后，期货价格在 CPI 指数企稳的过程中成功回升。白糖期货的底部价格区域横盘走势，以及之后的反弹上涨行情，都与 CPI 指数的运行方向有很大关系。从操作上来看，投资者可以根据 CPI 指数运行的大方向，判断白糖价格的大体走向。如果具体到某一月的期货价格走势，可以根据商品价格的运行趋势判断好的买卖时机。CPI 指数运行方向出现转变，时机的把握非常重要。

要点提示

CPI 指标本身就是反映消费价格指数运行情况的指标，该指标在 100 附近波动，当指标处于 100 以上的时候，说明商品价格是上涨的情况，一旦 CPI 跌破 100，说明商品价格出现了回落情况。大宗商品价格与 CPI 指数的运行趋势是相似的。

当然说到底，CPI 指标还是一种综合性的价格指数，反映了商品价格波动的大方向。而单一的大宗商品价格的波动趋势，很可能与 CPI 指数的波动方向有很大差别。操作上，投资者可以根据 CPI 指数涨跌大趋势，判断商品价格的波动方向，从而在单边趋势中持续获利。CPI 指数的波动有一定的连续性，对应的大宗商品价格同样如此。从白糖主力合约的走势与 CPI 的运行趋势来看，两者的同步性还是很强的。如果投资者适当关注白糖价格短线调整的走势，并且在长期趋势上操作期货合约，必将获得不错的利润。

第三节 CRB 指数与期货价格走势

一、CRB 指标概述

1. CRB 指数

CRB 的全称是"Commodity Research Bureau Index"，代表了大宗商品价格的重要运行趋势，是投资者判断多空方向重要的技术指标。

CRB 指数的来历很偶然，是一位叫作 Milton Jiler 的记者创建的。这位记者发现华尔街日报关于商品期货价格的信息要远远少于股票信息，因此突发奇想创建了反映期货价格整体走向的指数。之后他建立了一种介绍期货价格走势的刊物，来表明商品期货价格的变化规律。这样，Milton Jiler 和他的弟弟 Bill Jiler 成为该刊物的主要创办者。

CRB 最初的刊物是一份周刊，被称作《期货市场服务》。该刊物为投资者提供了非常丰富的有投资价值的信息，因此发行过程中销量是不错的。后来，CRB 期货价格指数成为《期货市场服务》里边重要的创新项目。Bill Jiler 最早对 CRB 指数进行研究，并且在 1956 年编制了相应的指数，到了 1957 年，CRB 指数被正式发布出来。

CRB 指数最初是由 28 个商品价格所组成的指数，除了白糖期货（包括 4 号糖和 6 号糖）以外，均为不同的期货品种。虽然 CRB 指数出现之前，已经有美国劳动统计局和道琼斯发布的期货价格指数，也被 CRB 指数取代，成为世界期货市场最为重要的期货价格指数。

2. CRB 指数组成

CRB 指数的组成并不是一成不变的，而是经历了十次重要的修改。从 1995 年经历第九次修改到 2005 年，路透社与 Jefferies 集团旗下的 Jefferies 金融产品公司进行合作，对 CRB 指数进行第十次修改。修改后的 CRB 指数不仅名称变为 RJ/CRB 指数，对指数涵盖的品种也由 17 种增加至 19 种。剔除了之前的铂金后，增加了无铅汽油、铝、镍 3 个品种。之前的 CRB 指数包含的 17 个品种的权重是相同的，都为 1/17。

新的 CRB 指数涵盖的 19 种期货合约品种则有不同的权重。

农产品：大豆（6%）、小麦（1%）、玉米（6%）、棉花（5%）、糖（5%）、冰冻浓缩橙汁（1%）、可可（5%）、咖啡（5%）、活牛（6%）、瘦肉猪（1%）。

能源类：原油（23%）、取暖油（5%）、汽油（5%）、天然气（6%）。

金属类：黄金（6%）、白银（1%）、铜（6%）、铝（6%）、镍（1%）。

二、CRB 指数与通货膨胀水平

1. 通货膨胀的牛市做多获利

通货膨胀有需求推动型、成本推动型和供需混合推动型三种情形。这三种情形当中，成本推动型是非常重要的一个方面，也是值得投资者关注的一个问题。因为工业生产的过程中，推动成本上涨的无疑是大宗商品价格了。反映大宗商品价格变化的期货价格，必然应该作为重点考虑。

在成本推动型的通货膨胀中，CRB 指标必然会持续地走强。如果 CRB 指标已经连续两到三个月回升，表明通货膨胀已经开始露头。既然 CRB 指数反映了大宗商品价格的总体走向，该指标的回升为投资者买涨期货品种提供了机会。成本推动型的通货膨胀面前，投资者选择恰当的期货品种来做多，显然不会错过多头行情中的收益。

2. 通货紧缩的熊市做空获利

在通货紧缩时期，大宗商品会出现持续下跌的情况。当 CRB 指数提前反映出通货紧缩的征兆时，投资者应该发现价格的顶部信号。CRB 指数里边的做空信号，是投资者不能忽视的重要因素。既然经济运行中存在着通货膨胀与通货紧缩相互转换的周期，那么通过分析 CRB 指数，会发现做空操作机会其实并不是难事。

三、CRB 指数与期货价格走势

CRB、沪铜 1309——日 K 线叠加图如图 7-5 所示。

图 7-5　CRB、沪铜 1309——日 K 线叠加图

从 CRB 指数与沪铜 1309 合约的运行情况来看，两者同步涨跌的情况非常显著。在多头趋势中，沪铜 1309 合约大幅度拉升，而对应的 CRB 指数也在有条不紊地上涨，两者出现了明显的正相关关系。虽然局部价格上看沪铜 1309 合约的走势会强一些。大体上看，沪铜与 CRB 指数的涨跌幅度是相似的，并且运行趋势非常一致。

这样一来，实战当中判断沪铜期货合约的运行方向并不清晰，可以借鉴 CRB 指数的走向。两者的波动幅度和涨跌方向相同，不同的是 CRB 指数是大宗商品价格总体运行趋势的反映，而沪铜仅仅是其中一个期货品种的价格走向，运行趋势必然也符合多数商品价格的运行趋势。

在 CRB 指数发出反转信号或者出现突破信息时，投资者可以据此来操作期货买卖的方向，使其与 CRB 指数的运行趋势相互吻合。实际上，既然 CRB 指数是指导性的综合价格指数，那么在其运行过程中，必然能够发出相应的关于价格运行趋势的信号。那些价格波动迟缓的期货品种，可以借助 CRB 指数发现价格方向，从而为今后的操作做好准备。而那些超前反转的期货品种，走势上必然先于 CRB 指数出现反转走势。投资者在实战操作中选择那些先于 CRB 指数出现反转走势的品种，更能获得比较好的回报。

CRB、豆粕 1309——日 K 线叠加图如图 7-6 所示。

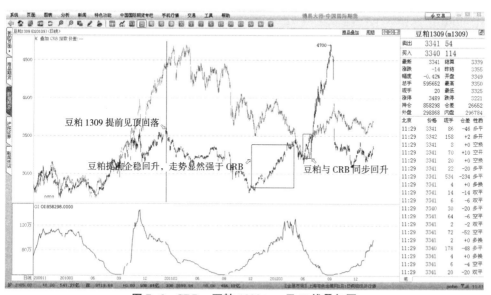

图 7-6 CRB、豆粕 1309——日 K 线叠加图

CRB 指数与豆粕 1309 合约的日 K 线图表明，两者的联动性并非那么完美无缺。实际上，在 CRB 指数运行过程中，豆粕 1309 合约的走势更为提前一些。在

CRB 指数出现行情之前，豆粕 1309 合约已经闻风而动了。在 CRB 指数行情将要结束之前，豆粕价格的波动已经告一段落。这样看来，从豆粕价格的走向来判断，就能够看出 CRB 指数反转的位置。但是，根据豆粕价格判断 CRB 运行方向，这并不会给投资者带来收益。

实战当中，投资者可以根据豆粕提前反向运行的走势，提前发现潜在的商品价格波动方向。一旦 CRB 指数也开始转变运行趋势，那么这个时候操作早已经出现转变的豆粕 1309 合约，便可获得更好的回报。豆粕 1309 合约的走向虽然与 CRB 指数出现反转信号不同，走势上却可以强于 CRB 指数。在某些时间里，豆粕的价格走向的确出现了可惜的波动强度，这有助于投资者获得短线回报。

要点提示

CRB 指数在商品价格运行趋势中的指示作用是非常强大的。该指数囊括了重要的大宗农产品、大宗能源商品和大宗金属商品，是大宗商品价格的综合指标。美国交易的大宗商品价格，是全球大宗商品价格的重要参考价，而对应的 CRB 指数，代表性自然是非常强大的。不管是从大宗商品期货价格的短线走势，还是中长期的运行趋势分析，投资者都可以根据 CRB 指数来判断具体的操作机会，从而为今后的投机交易做好准备。CRB 指数对单一商品期货价格走势的影响很大，尤其是国内的商品期货价格，更是与 CRB 指数不停地联动。从 CRB 指标的波动趋势中判断出国内大宗商品价格的运行方向，并不是困难的事情。投资者与其说分析每一个商品价格的具体波动方向，倒不如直接分析 CRB 指数的波动趋势，更容易掌握商品价格的运行方向，从而为在商品价格单边运行中获利提供支持。期货价格总会产生欺骗性的突破信号，而 CRB 指标却不容易出现假突破，这也有助于投资者根据 CRB 指数准确判断商品价格运行方向。

第八章　美元指数与期货价格关系

第一节　美元指数

一、美元指数的历史

能够综合反映美元这个货币在国际外汇市场的汇率情况的指标，就是美元指数。美元指数是用来衡量美元汇率的货币，是选定的一揽子特定的货币。被选定的货币对应的国家中，都是与美国的外贸关联很强的，基本上反映了美元的强弱水平。从美元的强弱，又能够表现美国在价格成本上表现的出货竞争力强弱和进口成本的大小。

难以置信的是，纽约棉花交易所是美元指数的发源地。纽约棉花交易所是当时全球最重要的棉花期货和期权交易所。早在 1985 年时，该交易所便成立了金融部门，正式进军全球金融商品市场，美元指数是首次被推出来的期货品种。

美元指数也是通过加权计算得出来的指数。10 种主要的货币对美元汇率变化的几何平均加权计算后，得出美元指数。美元指数的基准报价，是 1973 年 3 月计算的美元指数的数值。

二、美元指数的影响因素

由于国际上主要的商品多数以美元计价，那么美元指数的变化必然引发商品价格的同步异动。美元指数下降的时候，商品价格会逆向上涨。而美元指数一旦回升，必然对商品价格造成冲击，导致多数商品价格出现回落情况。判断美元指数的运行方向，显然有助于投资者把握商品价格的波动趋势。影响美元指数的主要因素无非有以下几个方面。

1. 美国联邦基金基准利率

美国联邦基金基准利率回升的时候，表明美元的价值增加，投资者会追捧美元促使其震荡回升。而利率降低的时候，表明美元的价值出现了回落，打压美元的势力就会因此变得更加强大。可以说，美国联邦基金基准利率与美元指数之间有着明显的正向关系。

2. 贴现率

当商业银行遇到紧急情况并且向联邦储备局申请贷款时，后者必然会收取一定的利率，就是贴现率。贴现率是联邦基准利率以外的重要象征性的利率指标，对美元指数有正相关的影响。

3. 30 年期国债

国债收益率的增加，对美元指数来说是一种压力。30 年国债的上升会打压美元指数，相反，对美元指数来说是一种支撑。

4. 经济数据

重要的经济数据一经走好，美国联邦政府就有加息的可能性，反之则会降低利率。利率与美元指数之间是正相关的关系，判断经济数据与美元指数的间接关系，投资者便可以判断出指数的运行方向。

加息之后必然是美元指数的走强。而经济数据不好的时候就会降息，对美元指数的打压也是不容忽视的。

5. 股市

美国重要的三个股票指数（道琼斯工业指数、标准普尔 500 指数和纳斯达克指数）中，道琼斯工业指数对美元汇率影响最大。历史经验表明，道琼斯工业指数和美元汇率有很大的正相关性。

6. 欧元汇率

美元指数参考一揽子货币计算，而欧元是权重最大的一个品种。欧元的走势影响着美元指数的走势。欧元强势，意味着美元会走弱；弱势则意味着美元会更加坚挺。

三、美元指数的组成

以全球各主要国家与美国之间的贸易结算量为基础，以加权的计算方式，体现出美元的整体强弱程度，并以 100 点为强弱分界线。欧元是构成美元指数最重要、权重最大的货币，其所占权重达到 57.6%，因此，欧元的波动对美元指数的强弱影响最大。在美元指数涉及的六个币种权重为：欧元 57.6%、日元 13.6%、英镑 11.9%、加拿大元 9.1%、瑞典克朗 4.2%、瑞士法郎 3.6%。

美元指数的计算公式为：

$$USDX = 50.14348112 \times (EUR/USD)(-0.576) \times (USD/JPY)(0.136) \times$$
$$(GBP/USD)(-0.119) \times (USD/CAD)(0.091) \times (USD/SEK)(0.042) \times (USD/CHF)$$
$$(0.036)$$

括号内为次方，比如说（USD/SEK）（0.042）为（USD/SEK）的（-0.042）次方。

其中：USDX 为美元指数、EUR/USD 为欧元兑美元汇率、USDJPY 为美元兑日元汇率、GBPUSD 为英镑兑美元汇率、USDCAD 为美元兑加元汇率、USDSEK 为美元兑瑞典克朗汇率、USDCHF 为美元兑瑞士法郎汇率。

要点提示

在判断商品价格走势的时候，美元指数之所以重要，是因为美元计价的商品量很大，美元的一举一动，事关商品的真实价格的变化。美国商品期货交易量在世界中的比重很大，价格走势影响着全球商品价格的运行趋势。

当美元贬值或者升值的时候，商品的真正价值会出现上升或者下降。如果商品要维持原价，必然在以前价格的基础上出现回升或者下跌，这就产生了美元指数与商品价格的逆向波动特征。或者说，美元指数与商品价格的运行方向存在负相关的情况。实战当中，投资者如果能够掌握住美元指数的运行趋势，也就知道了商品价格的波动方向。这对于那些不懂得判断商品期货价格的投资者来讲，实在是个巨大利好。

第二节　美元指数与商品期货价格走势

美元指数、CRB——日 K 线叠加图如图 8-1 所示。

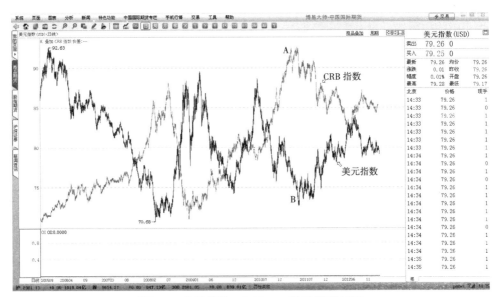

图 8-1　美元指数、CRB——日 K 线叠加图

　　美元指数与 CRB 指数的叠加图中，价格的波动方向明显出现了背离的情况。也就是说，当美元走强的时候，美元指数会大幅度回升，而大宗商品价格指数 CRB 却开始走下坡路。当美元走弱的时候，CRB 指数开始震荡回升，并且形成负相关的运行趋势。实战当中，投资者可以根据美元指数的走势判断 CRB 指数的波动方向，从而为单一期货投机上把握运行趋势提供信息。

　　既然 CRB 指数与美元指数是逆向运行的，那么两者之间必然会在同一时间里形成反转形态。在投资者发现 CRB 指数的反转形态以前，可以在美元指数上给予更多的关注。毕竟，美元指数的反转信号，已经提供了 CRB 指数反转走势的信号，只是两者走势是相悖运行的。当然，在美元指数反转形态出现之时，CRB 指数虽然也会出现反转走势，但是不一定有美元指数的运行趋势那么强烈。

投资者买卖期货合约的位置，可以在美元指数出现较大的反转走势，并且 CRB 指数波动强度还未达到这个程度的时候开仓调整持仓结构。

在实际分析 CRB 指数运行规律的时候，美元指数可以作为背离指标作为参考。实际上，虽然 CRB 指数与美元指数是背离运行的，但是从长期趋势来看，CRB 指数处于回升趋势中。商品价格只能因为通货膨胀的存在不断震荡上涨，而不会因为美元指数的波动而出现长期回落，也不可能与美元指数的波动强度相同。

这样一来，实战当中投资者根据美元指数来判断反向操作 CRB 指数的规律，就要关注商品价格在上涨阶段可能比下跌阶段走势更强。也就是说，即便美元指数出现回升的情况，CRB 指数回落的幅度会比上涨空间大。空头趋势中做空商品期货的过程中，投资者应关注价格的下跌幅度可以不那么深。

美元指数、橡胶 1305——日 K 线叠加图如图 8-2 所示。

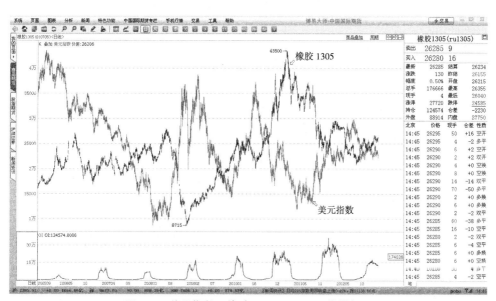

图 8-2　美元指数、橡胶 1305——日 K 线叠加图

美元指数与橡胶 1305 合约的日 K 线叠加图显示，两者的波动方向相反，并且出现有节奏的反向运行情况。大宗商品价格指数 CRB 就是与美元指数相反运行的，而橡胶也是大宗商品中重要的一员，日 K 线中的涨跌方向，与美元指数同样存在着负相关的关系。

单一的大宗商品价格波动方向与美元指数相背运行，显示出因美元价值的起落引起的商品价格的突变情况还是很明显的。毕竟，世界上重要商品的计价都是以美元来计算的。美元指数回升的时候，同样价值的商品用美元计算就会表现在价格上回落。而一旦美元指数回落，表明美元计算的通货膨胀比较严重，商品价格反向回升是必然的趋势。

要点提示

既然美元指数与商品价格走势的背离情况明显，那么投资者应该重点关注美元指数本身的走势。判断美元指数的波动方向，与判断商品波动方向是有区别的。有的投资者可能善于判断美元的波动趋势，其实也为判断大宗商品期货波动方向做好了准备。长期来看，美元指数的贬值趋势不可避免，而大宗商品价格的上涨趋势又会不断延续。商品价格的回升，不仅因为美元出现了贬值，还因为通货膨胀本身是存在的。在通货膨胀的情况下，商品价格不可能回归起点，而是在回升的趋势中越走越远。

第九章　典型商品期货趋势分析

第一节　橡胶 1309 顺势交易分析

一、橡胶简介

从巴西橡胶树上采集的天然胶乳，经过凝固、干燥等加工工序而制成的弹性固状物便是天然橡胶。天然橡胶是天然高分子化合物，聚异戊二烯则是主要成分。

在常温下，天然橡胶具有较高的弹性并且稍带塑性；天然橡胶的机械强度也非常好，滞后损失小。在多次变形的情况下，天然橡胶的生热量也很低，因此其耐曲挠性也很好。天然橡胶是非极性橡胶，电绝缘性能也是比较好的。

不饱和双键导致天然橡胶化学性能好，是一种反应能力很强的物质。光、热、臭氧、辐射和铜、锰等金属都能促进橡胶发生化学反应。

天然橡胶有较好的耐碱性能，但不耐浓强酸。由于天然橡胶是非极性橡胶，只能耐一些极性溶剂。天然橡胶的耐油性和耐溶剂性都很差，一般来说，烃、卤代烃、二硫化碳、醚、高级酮和高级脂肪酸对天然橡胶均有溶解作用。

因此，天然橡胶优良的物理化学性质，也是其用途广泛的重要原因。日常生活中使用的雨鞋、暖水袋；外科医生手套、输血管；运输上使用的轮胎；工业上使用的传送带、运输带、耐酸和耐碱手套等。目前，世界上部分或完全用天然橡胶制成的物品已达 7 万种以上。

上海期货交易所的天然橡胶期货合约，每一手为 10 吨，按照天然橡胶每吨 2.5 万元，13% 的保证金计算，一手天然橡胶大概需要 3.25 万元。一手天然橡胶需要的资金量还是很高的，投资者要想在这一期货品种上获得比较好的投机回报，显然需要大笔资金做后盾。而天然橡胶期货合约的涨跌停板在 6% 上下，还是非常大的波动空间。在行情来临的时候，天然橡胶期货一日内的波动强度可以高达 5% 以上，平日里的价格波动强度也在 2%~3%。

二、多空趋势分析

橡胶 1309——日 K 线多头趋势如图 9-1 所示。

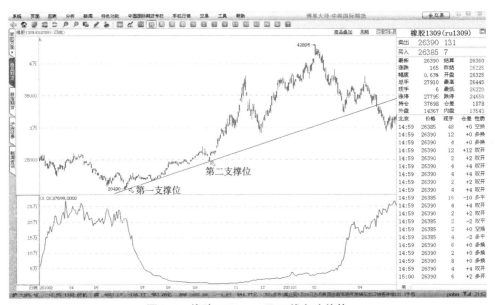

图 9-1　橡胶 1309——日 K 线多头趋势

橡胶 1309 合约的日 K 线图中，期货价格在两个重要支撑点的作用下，不断震荡回升。从长期来看，橡胶价格已经步入长期上涨行情。从两个支撑位相隔的时间来看，有长达 4 个月的时间。从这个角度看，支撑线必将在中长期行情中担当支撑线。一般来说，期货价格中长期上涨的大趋势不会出现太大变化。后市橡胶价格的实际表现，也说明我们的判断是很准确的。

橡胶 1309——日 K 线空头趋势如图 9-2 所示。

橡胶 1309 合约的日 K 线图中，空头趋势中的两个压力点确立了橡胶持续下挫的压力线。图中两个价格高位相距接近一年时间。在这期间，期货价格的波动基本是弱势回落的情况。实际买卖橡胶期货的时候，投资者可以根据价格弱势回

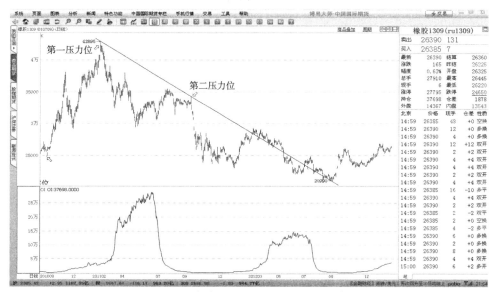

图 9-2　橡胶 1309——日 K 线空头趋势

落的大趋势，尽可能选择恰当的顶部做空，才是明智的做法。在橡胶价格下跌过程中，做空总比买涨更容易获得高额回报。

三、恰当的买卖价格

橡胶 1309——黄金分割的 0.618 买点如图 9-3 所示。

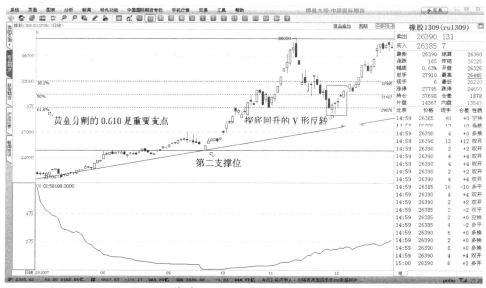

图 9-3　橡胶 1309——黄金分割的 0.618 买点

橡胶 1309 合约的日 K 线图显示，期货价格在波动过程中，呈现出比较明显的见顶回落倾向。虽然橡胶价格已经大幅度杀跌，但是在价格跌至黄金分割线的 61.8% 的时候，价格探底回升的情况出现了。由此可见，趁机在这个位置上买涨做多，是不错的盈利机会。

值得一提的是，图中设置的黄金分割线，是从前期高位向价格低点引出的。对应的操作信号，可以提供给投资者重要的买入机会。61.8% 的黄金分割位置，价格最容易遇到阻力。并且，橡胶 1309 合约刚刚在前期首次大幅度见顶回落。价格的回落点到 61.8% 的黄金分割位置结束。

橡胶 1309——假突破后的价格滑落卖点如图 9-4 所示。

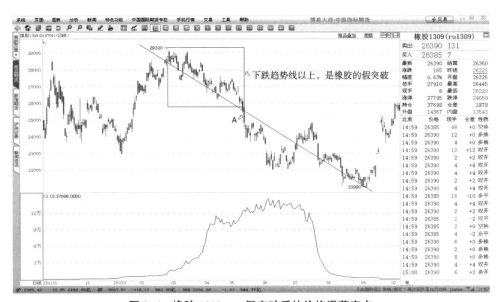

图 9-4　橡胶 1309——假突破后的价格滑落卖点

橡胶 1309 合约在探底回升的走势中，虽然短时间内已经突破压力线，并不表示橡胶价格就成为进入多头趋势。图中橡胶价格在突破压力线以后，沿着压力线不断震荡回落，显然是假突破的情况。

橡胶价格仅仅是突破高位后继续回落，而不是在突破以后继续回升。如此一来，在橡胶价格二次跌破压力线以后，投资者紧跟着去做空橡胶 1309 合约，便是非常理想的盈利机会。在空头趋势中，橡胶价格可以在下跌的过程中深度杀跌。疯狂下泄的期货价格，为投资者提供了理想的卖空信号。

在空头趋势没有真正结束之前，期货价格的波动方向必然是向下的。在日 K 线图中，橡胶在震荡过程中缓慢下移，最终还是出现了杀跌的走势。可见，根据橡胶价格的走向，投资者是可以在价格跌破压力线的时候做空的。

要点提示

从橡胶期货合约运行特征可以看出，该合约波动强度很大，在涨跌停板为上下 6% 的情况下，日常波动空间高达 3% 是常有的事情。期货价格运行趋势具有连续性，一旦趋势形成价格会加速运行，投资者操作方向正确的话，能够获得非常高的回报。一旦操作方向错误，必须严格止损才能避免损失。橡胶主力合约的持仓量可以高达 20 万手以上，按照一手 5 吨、25000 元/吨以及保证金 13% 计算，可以有多达 32 亿元的保证金。这表明，活跃的橡胶主力合约的参与程度很高，价格活跃能够为投资者带来不错的回报。

第二节　沪铜 1305 顺势交易分析

一、沪铜简介

铜是人类最早发现的古老金属之一，早在 3000 多年前人类就开始使用铜。

纯铜呈浅玫瑰色或淡红色，表面被氧化后的铜膜呈现出紫铜色。铜具有许多可贵的物理化学特性（比如热导率和电导率都很高，仅次于银），使得铜成为电子电气工业中举足轻重的材料。铜的化学稳定性强，具有耐腐蚀性，可用于制造接触腐蚀性介质的各种容器，因此广泛应用于能源及轻工业、石化工业；抗张强度大，易熔接，可塑性、延展性强。纯铜可拉成很细的铜丝，制成很薄的铜箔。能与锌、锡、铅、锰、钴、镍、铝、铁等金属形成合金。用于机械冶金工业中的各种传动件和固定件；结构上刚柔并济，且具多彩的外观，用于建筑和装饰。

世界铜矿资源较为丰富，主要集中分布在智利、美国、中国、秘鲁、赞比亚、印度尼西亚、波兰、墨西哥、澳大利亚和加拿大等，占全球产量的 87.2%，其中，智利的铜资源最为丰富，其储量约占世界总储量的 30%。

上海期货交易所的阴极铜期货合约每 5 吨为一标准手。如果沪铜价格为 6 万元/吨,那么一标准手的铜期货合约价值为 30 万元。以 12% 的公司日常保证金来计算,买卖一标准手的铜期货合约需要资金为 3.6 万元。3.6 万元对于中小投资者来讲,已经是非常大的数字了。鉴于铜期货的走势受到外盘影响也较大,价格经常不规则地跳空涨跌,不利于投资者持仓获得利润。资金量稍大的投资者,可以持有铜期货合约过夜,以便在价格单边运行中获得更好的投资回报。沪铜期货主力合约经常出现在日 K 线中 1.5% 以上的波动幅度,表明沪铜期货的波动强度较高。涨跌停板高达 6%,表明该期货品种的波动潜力是很高的。即便是从分时图走势来看,投资者若能够把握好一次接近涨跌停板的行情,显然能够获得较高的回报。

二、多空趋势分析

沪铜 1305——均线金叉长期看涨点如图 9-5 所示。

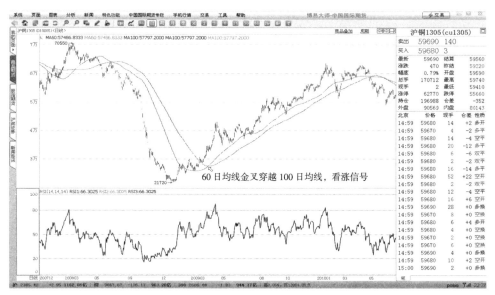

图 9-5 沪铜 1305——均线金叉长期看涨点

沪铜 1305 合约的日 K 线中显示,沪铜价格在震荡过程中不断回升。伴随着价格的走高,60 日均线从底部明确穿越了 100 日均线,完成了看涨金叉信号。价格大幅度杀跌后的金叉买涨信号更为可贵,显示出沪铜期货回升的大行情才刚刚开始。

商品价格波动的大趋势不容易短时间内改变。沪铜 1305 合约的多头上涨趋势中，价格不断震荡走高的情况值得投资者关注。在价格低点出现的均线金叉信号，是可贵的做多机会。价格回升至 60 日以及 100 日均线以上的时候，即便短线回落也会受到支撑后再次回升。

三、恰当的买卖价格

沪铜 1305——60 日均线上的买点如图 9-6 所示。

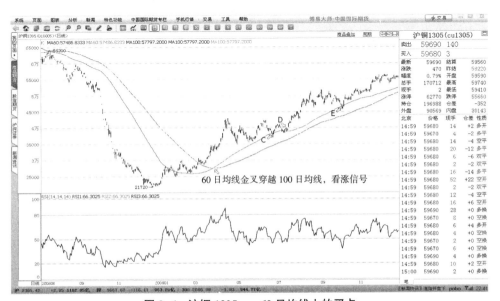

图 9-6　沪铜 1305——60 日均线上的买点

沪铜 1305 合约的日 K 线中显示，期货价格波动上行大趋势未变，图中三个重要的位置 C、D、E 都处于 60 日均线附近。既然前期价格已经企稳回升，那么 60 日均线的支撑效果一定会在这个时候显示出来。价格震荡走强的时候，投资者顺势买涨在 60 日均线附近，获利很容易做到。

沪铜 1305——期价与 RSI 背离卖点如图 9-7 所示。

图 9-7　沪铜 1305——期价与 RSI 背离卖点

　　在沪铜震荡走强的大牛市中，价格回落前的重要背离信号早已经出现。图中显示，随着 RSI 指标从图中的 P 点回落至 Q 点，沪铜在这个时候仍然出现了收盘价格的新高。考虑 P、Q 两个高点相距时间为 3 个月，显然不是偶然出现的背离信号。在三个月的背离结束后，RSI 指标与沪铜同步下挫，显示出重要的做空信号。

　　值得一提的是，在 RSI 指标 P 位置的高位以后，RSI 指标一度跌破了 50 线后，出现了 Q 位置的背离信号。可见，投资者在 Q 位置的 RSI 与期货价格背离的时候做空，是有根据的。毕竟，RSI 都已经处于出现跌破 50 线的情况，投资者显然不能忽视这一下跌信号。

　　沪铜 1305——三次背离后的做空机会如图 9-8 所示。

　　MACD（26，12，9）指标与沪铜 1305 合约出现了两次背离，显然是重要的做空信号。MACD 与沪铜的两次背离中，A1 位置为 MACD 指标的重要高位，而接下来的 S1 和 D1 位置分别与沪铜 S、D 两个位置出现了背离。考虑到两次背离信号相隔时间也长达三个月，这种价格高位的背离值得投资者关注。在三个月的背离消失以后，沪铜震荡回落并且连续跌破了 60 日和 100 日均线，显示出非常重要的走弱倾向。

　　在 MACD 指标与沪铜价格背离的时候，沪铜之所以短时间内维持高位运行，

图 9-8　沪铜 1305——三次背离后的做空机会

是因为 MACD 指标并未调整至接近 0 周线的位置。一旦 MACD 震荡下挫并且明显接近 0 轴线，那么 MACD 指标中的 DIF 曲线跌破 DEA 曲线的做空信号，就会成为真实的卖点。

　　在 MACD 指标与铜价背离时，图中 A1、S1 和 D1 三个位置都出现了 DIF 跌破 DEA 曲线的死叉信号。每一次的回落死叉的做空意义都在加强。

要点提示

　　沪铜主力合约波动幅度较大，是受外盘影响较深的期货品种。一般来看，单边趋势中运行的主力合约，经常会出现小幅跳空的情况。即便是在价格波动空间不高的时候，跳空也会出现。利用该合约的这一特性，投资者如果隔夜持仓的方向止确，可以获得不错的利润。与其他金属期货一样，沪铜的日 K 线走势上的跳空以及横向波动为投资者判断价格方向增加了难得的机遇。实际上，投资者可以在沪铜主力合约上利用形态特征以及重要的支撑位压力位，来判断趋势中的操作机会。

第三节　白糖1309顺势交易分析

一、白糖简介

食糖既是天然甜味剂，是人们日常生活的必需品，也是含糖食品和制药工业中不可或缺的原料。食糖作为一种甜味食料，是人体所必需的三大养分（糖、蛋白质、脂肪）之一。

根据加工工艺、加工程度、专用性等不同，食糖可以分为原糖、白砂糖、绵白糖、冰糖、方糖、红糖等。食品、饮料工业和民用消费量最大的为白砂糖，我国生产的一级及以上等级的白砂糖占我国食糖生产总量的90%以上。

中国是世界上重要的食糖生产国和消费国，近年来食糖的产销量维持在千万吨左右的水平，仅次于巴西、印度、欧盟，居世界第四位。白糖期货的推出，有助于白糖价格的发现，以及帮助白糖的经营者规避价格风险。从白糖期货的历史走势来看，糖价格的波动幅度还是很大的。特别是分时图中，价格波动强度一般会接近1.5%。1.5%的价格波动，投资者能够在分时图中抓住比较好的买卖机会。

从期货品种的活跃性来看，白糖期货主力合约有高达60万手的持仓量，持仓金额更是高达（以5500元/吨计算）330亿元以上，显然是投资者可以参与的活跃品种。在农产品期货当中，除了豆油豆粕以外，白糖是非常活跃的短线交易品种。投资者若能够在白糖期货上把握短线机会，或者操作一些中长期的持仓，便可轻松地获得高额回报。考虑期货交易都是杠杆化的交易品种，投资者使用9%的资金，便可购得100%的期货合约量。这样一来，白糖平日里1.5%的波动空间被轻松放大至15%，这有助于投资者获得真正的利润。

二、多空趋势分析

白糖1309——两条不同的支撑线如图9-9所示。

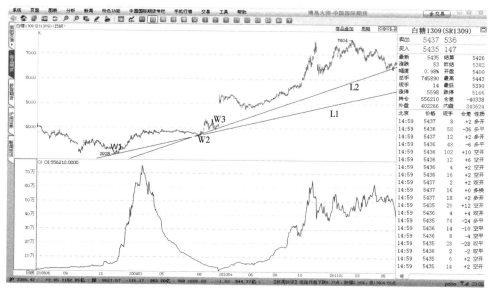

图 9-9　白糖 1309——两条不同的支撑线

白糖 1309 合约的日 K 线显示，多头趋势中两条支撑线 L1 和 L2 的支撑效果是不一样的。支撑线 L1 是以 W1 和 W2 作为反转点的，而支撑线 L2 是以 W2 和 W3 为反转点。L1 和 L2 两条支撑线分别成为期货价格震荡走强的支撑线，L2 的支撑效果要强于 L1，因为前者的倾角更大，有助于价格持续回升。

三、恰当的买卖价格

白糖 1309——支撑线 L2 上的买点如图 9-10 所示。

既然 L2 这个支撑线的支撑效果更有效，那么白糖价格跌至 L2 线以后，价格反弹的可能性更高。白糖持续上涨的过程中，价格高位反转的走势不会轻易出现。图中显示，白糖 1309 合约短线震荡回落至 L2 这条支撑线以后，白糖价格的确出现了震荡回升的情况。后市来看，即便白糖真的会高位回落，短线反弹走势不可避免地出现。投资者把握好这种抢反弹的开仓机会，可以很容易获得利润。

白糖 1309——期价与 RSI 背离后的做空机会如图 9-11 所示。

白糖 1309 合约的日 K 线图显示，价格在与 RSI 指标背离后出现了顶部信号。图中 14 日 RSI 指标从 R1 回落至 R2 的时候，白糖价格却在此时震荡回升。实际上，14 日的 RSI 指标用于判断价格的反转信号，是非常有效的。14 日的 RSI 指标不容易发出假突破的操作信号，一旦出现顶背离信号，必然是价格回落的重要

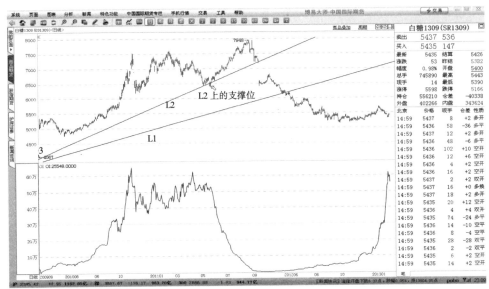

图 9-10　白糖 1309——支撑线 L2 上的买点

图 9-11　白糖 1309——期价与 RSI 背离后的做空机会

起始点。白糖价格短线回升而 RSI 指标出现回落的信号很清晰，是白糖价格短线见顶的重要做空信号。实战当中，投资者可以在 RSI 指标背离后的第一时间做空，风险还是很小的。

白糖 1309——50%的黄金分割位，支撑显著如图 9-12 所示。

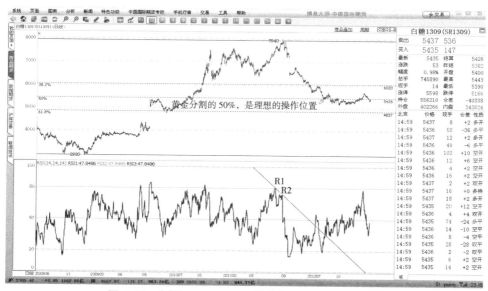

图9-12 白糖1309——50%的黄金分割位，支撑显著

白糖1309合约的日K线显示，价格在高位见顶以后，震荡走弱的过程中明显在黄金分割线的50%处遇到了强支撑。白糖价格在长达6个月的时间里都没能深度跌破50%的黄金分割线。这样看来，从短线操作上看，投资者可以在这个位置上把握一些比较好的底部做多开仓，必然有利可图。白糖价格在50%的黄金分割线附近震荡运行，投资者能够发现操作机会其实很多。

在期货价格高位回落的时候，重要的分割线往往潜藏着巨大的投资机会。白糖期货价格高位大幅度回落以后，50%的分割位既是重要的黄金分割线位置，同时也是重要的心理价位。投资者都有在重要的心理价位操作期货合约的习惯，50%的黄金分割线就是这样的位置。

要点提示

白糖期货主力合约的价格波动比较稳定，真正出现趋势的时候，趋势的连续性是比较好的。投资者若能利用趋势线来精准判断白糖价格的运行方向，便能轻而易举地发现操作时机。白糖价格不仅运行平稳，趋势的持续性比较好，日常波动空间在1%到1.5%的范围内，为投资者短线操作降低了风险，并且易于获得投机回报。实战当中，投资者既可以短线操作白糖获得一些短线利润，也可以在趋势判断正确的情况下不断持仓，也能够中长期获利。白糖价格运行的持续性为投资者提供了不错的操作机会。适当把握一些持续运行的行情，更有助于投资者获得利润。既然白糖分时图中的波动比较温和，这显然有助于投资者开仓并且马上处于获利状态。一旦获利，投资者可以在正确的方向上持续加码，利润便滚滚而来。

第四节　白银 1306 顺势交易分析

一、白银简介

白银期货是指以未来某一时点的白银价格为标的物的期货合约。白银期货合约是一种标准化的期货合约，由相应期货交易所制定，上面明确规定的有详细的白银规格、质量、交割日期等。

白银与黄金一样，是可以作为投资收藏的金属。黄金价格大幅度波动的时候，白银价格波动幅度更大。国内推出白银期货，既是对白银价格定价权的挖掘，也是为白银贸易提供一种有效的保值手段。中国是白银生产和消费大国，对白银价格的发言权至关重要。国际市场上，重要的白银期货在伦敦金属交易所和纽约金属交易所早已上市。有鉴于此，国内推出白银期货已经迫在眉睫。2012年5月10日，白银期货正式在上海期货交易所登陆，从此国内白银商品交易和期货投资者，也能够利用白银期货保值或者进行投机交易。

不同于黄金价格的波动，白银的波动幅度更大、更频繁。在期货品种推出以后，白银这个波动强的贵金属品种，非常适合于那些风险承受能力强，而又想获得高额投机回报的投资者。

国内一张白银期货合约为 15kg，如果以 6.0 元/g 计算的话，一张标准合约的价值在 90000 元，如果以 15% 的期货公司保证金计算的话，13500 元就能持有一手白银期货合约。相比较日本、美国、印度的期货合约，国内的期货合约大小适中，一般的投资者都能够参与白银期货的交易。

二、多空趋势分析

白银 1306——银价跳空背离的重要顶部如图 9-13 所示。

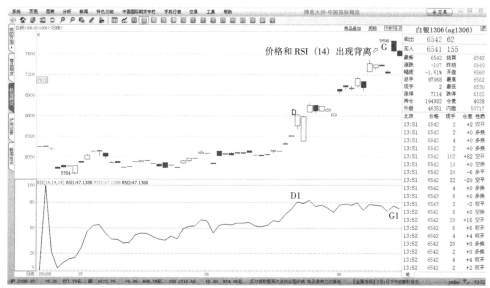

图 9-13　白银 1306——银价跳空背离的重要顶部

白银 1306 合约的日 K 线图显示，价格持续回升的过程中，RSI 指标出现了从 D1 到 G1 的回落走势。既然计算周期为 14 日的 RSI 指标出现了回落情况，RSI 指标显然与银价出现背离信号的时候，表明白银价格已经在这个位置成功见顶。从买卖方向来看，投资者在大的方向上做空获利，是没有问题的。

白银 1306——下跌趋势线确立如图 9-14 所示。

图 9-14　白银 1306——下跌趋势线确立

白银 1306 合约的日 K 线图显示，期货价格已经在图中 G、H 两个位置成功见顶，并且确立了空头趋势中的下跌趋势线。前期 RSI 指标与白银价格背离的信号，显然成为白银价格重要的顶部形态。图中 G、H 两个位置只是白银回落过程中两个典型的顶部，随着趋势的延续，白银价格还是会不断震荡下挫。在白银价格回落过程中尽可能选择典型的顶部做空，投资者便可成功获利。

三、恰当的买卖价格

白银 1306——拐点线上的底部买点如图 9-15 所示。

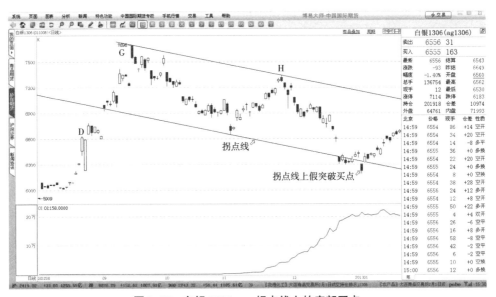

图 9-15　白银 1306——拐点线上的底部买点

白银 1306 合约的下跌趋势已经确立，拐点线显示出白银价格短线反弹的位置。图中显示，银价虽然两次跌破了拐点线，却不是真正的突破，而是主力趁机诱空的动作。期货价格在拐点线上探底回升的情况，显然已经成为投资者重要的看点了。把握好这个位置的操作机会，后期短线买涨获利便能实现。

在期货价格波动过程中，价格总会存在一定的运行空间。即便是单边下跌的趋势中，短线反弹走势也有可能出现。图中显示，白银价格从拐点线上反弹的时候，投资者便可短线开仓买涨了。拐点线的支撑效果是不容置疑的，毕竟白银价格已经出现了显著的反弹。只要没有重仓抄底银价，在获利之后逐步增加仓位，风险便可轻易降低。较低的仓位买涨以后，一旦投资者短线获得了比较好的回报，那么可以增加相同的仓位买涨。即便价格出现回落，银价跌回首次开仓位置，投资者依然不会出现损失。

白银 1306——反弹中的黄金分割压力位如图 9-16 所示。

图 9-16　白银 1306——反弹中的黄金分割压力位

白银 1306 合约空头趋势中，银价短线回落以后，投资者可以根据黄金分割线判断价格回调的位置。从图中价格底部到前期 G 位置的价格顶部引黄金分割线，那么重要的 50%分割位置将会产生重大阻力。事实上，白银价格正是在 50%的黄金分割位置出现回落走势，显示出投资者的这种判断非常准确。银价短线的确出现回落的情况，投资者若能够把握这个位置的做空机会，就很容易获得短线收益。白银价格短线回落幅度为 2%以上，计算杠杆在内的投资者可以获得多达20%的利润。

要点提示

白银期货是典型的波动超强、日常跳空明显的期货品种。实战当中，投资者可以发现资金量小、操作谨慎的投资者，会在白银投机中轻松遭受损失。白银期货的波动特点明显，在趋势出现的时候会不断跳空。而开盘价格跳空以后，盘中波动强度会持续回升，这也为投资者获利创造了短线操作的机会。在一般情况下，投资者应该关注白银期货投机交易的风险。即便在趋势未出现之前，白银价格短线波动强度可以很低，但也可能会瞬间提高，这对风险控制能力弱的投资者明显是个问题。

第五节 黄金 1306 顺势交易法分析

一、黄金简介

上海期货交易所的黄金期货，每一手为 1 千克的黄金。如果按照 340 元/克以及 12%的期货公司保证金来计算，只需要 4 万多元就能够交易一手黄金期货。

黄金价格的走势受到国家金价的影响很大。国内黄金期货交易时间仅限于日间的 4 个小时。而国外黄金交易的成交量很大，对国内金价必然造成较大影响。鉴于欧美黄金夜盘走势会出现较大波动，国内黄金价格在开盘价格上经常表现为跳空的情形。实战黄金期货交易当中，应有针对性地应对黄金价格的频繁跳空以及宽幅波动，是投资者成功获利的重要条件。

黄金期货合约的涨跌停板虽然在 5%上下的范围内，平日里黄金价格的分时图最大波动空间并不很高，一般都在 1.0%到 1.5%以内。这样看来，操作黄金期货的过程中，仅仅凭借价格在分时图中的波动来把握买卖机会，是不够准确的。而投资者可以在中短期内持有期货合约，甚至操作手法高明的投资者，可以长期持仓获得价格持续波动的利润。

黄金期货主力合约波动非常频繁，多空买卖活跃，能够提供给投资者不错的操作机会。对于中小投资者来讲，黄金期货的操作过程中，止损空间必须设置得很高，才能满足价格正常波动的需要。真正的黄金价格波动过程中，投资者的操作手法非常成功，或者资金量足够大，能保证大尺度的止损需求，便可以在金价波动中成功获利。

二、多空趋势分析

黄金 1306——重要反弹位确立支撑线如图 9-17 所示。

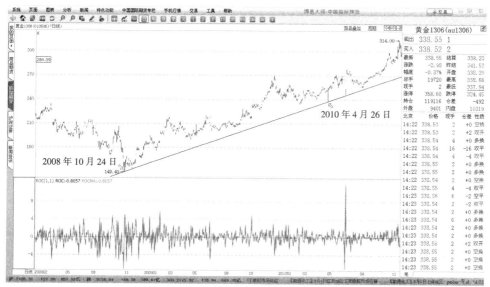

图 9-17　黄金 1306——重要反弹位确立支撑线

黄金 1306 合约的日 K 线图显示，价格在多头趋势中两次非常重要的反弹形态，确立了黄金的持续上涨大趋势。第一个价格反弹位置，出现在 2008 年 10 月 24 日，黄金价格在这一交易日探底至 149.40 元/克，之后便出现了探底回升的走势。从这一交易日算起，接下来的 18 个月后的 2010 年 4 月 26 日，黄金价格再次探底至 238.11 元/克，并且在当天就触底反弹。可见，黄金 1306 合约的走势还是非常好的，长达一年多的时间里确立的重要支撑线，成为金价大幅上涨的推动形态。

三、恰当的买卖价格

黄金 1306——买点在反弹中形成如图 9-18 所示。

黄金 1306 合约的日 K 线图中，支撑线以下黄金价格短线回落的时候，是行情中不多见的底部开仓机会。在黄金价格的大牛市行情中，这种上升趋势线以上的价格回落走势，反映出黄金价格受到压力后的回落还是很明显的。考虑到前期黄金价格还未真正跌破上升趋势线，短线黄金价格回调至上升趋势线，表明价格的回调力度还是很强的。把握好操作机会，投资者获利将会很轻松实现。

黄金1306——背离双顶典型做空机会如图9-19所示。

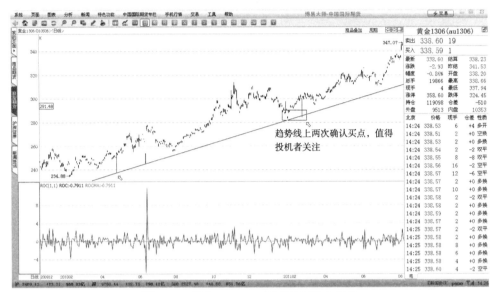

图 9-18　黄金 1306——买点在反弹中形成

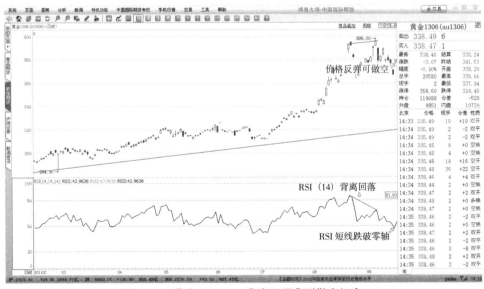

图 9-19　黄金 1306——背离双顶典型做空机会

黄金1306合约在牛市中大幅度上涨，当价格涨幅过大的时候，出现了黄金价格与 RSI 指标的背离形态。图中显示，金价大幅度上涨到图中最高点 398.00元/克的时候，显然与 14 日的 RSI 指标形成了背离形态。RSI 指标在金价努力站稳 398.00 元的过程中，短线快速回落，跌破了 50 线的重要支撑位。

如果说 RSI 指标与金价背离的做空信号还不够显著的话，那么接下来 RSI 随即跌破 50 线的情况，是再恰当不过的做空机会了。在 14 日 RSI 短线跌破 50 线以后，金价跳空反弹的走势，更是尤其显著的做空信号。

在价格上涨的牛市行情中，即便背离信号已经出现，多方抵抗的时候必然造成金价反弹。投资者可以根据价格高位运行并且背离的信号，有耐心地逐步做空。金价既然已经于 14 日的 RSI 指标出现背离情况，那么投资者选择价格高位不断增加做空筹码。一旦价格的抵抗形态消失，投资者便可获得不错的回报。

黄金 1306——61.8%的黄金分割卖点如图 9-20 所示。

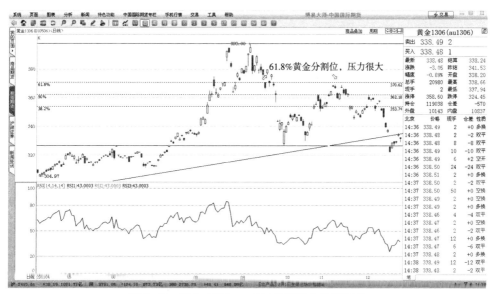

图 9-20　黄金 1306——61.8%的黄金分割卖点

黄金 1306 合约的日 K 线图表明，价格已经在背离后大幅度杀跌。图中显示，黄金价格杀跌至上升趋势线上，并且出现了反弹的情况。其实，空头趋势的出现并非一朝一夕能完成，价格总要在支撑线上获得支撑，在反弹后再次回落跌破支撑线，那才是真正的做空信号。

从黄金分割线判断黄金价格反弹的高度，可以看到 61.8%的黄金分割线对价格的压制效果非常显著。起始点设置在金价回落的底部，而高位设置在前期历史高点 398.00 元/克，这样便可勾画出黄金分割线。考虑到金价首次大幅度杀跌，那么反弹力度必然会很强。考虑到黄金分割的 38.2%、50.0% 和 61.8% 的三个分割线中，最为有效的还是 61.8%。投资者在这个位置做空的话，必然获得不错的做空回报。61.8% 的黄金分割线阻力明显，金价再次遇阻回落是再正常不过的事情了。

从金价日 K 线图表现来看，61.8% 的黄金分割线处阻力明显，金价短线跳空的小十字星形态，显然是遇阻的明确表现。价格十字星后震荡回落，说明我们的判断是很正确的。

要点提示

黄金期货主力合约的分时图中波段幅度并不是很高，但是价格跳空频率和跳空幅度却非常大。在黄金单边趋势出现的时候，多少的涨跌趋势都是在跳空中完成的。这说明，黄金价格容易受到外盘价格走势的影响，并且消息面对黄金价格的影响也是很大的。投资者相应在黄金期货投机中获利，必须要明确金价的基本运行趋势，才能在单边趋势中开仓并且持续获利。实际上，黄金价格的分时图中的短线投机机会并不多，而趋势交易的过程中，获利空间却非常高。在中长期趋势中持仓的话，投资者容易获得高额回报。判断黄金价格持续运行的大趋势，除了经济形势外，美元指数、大宗商品价格走势等，都是明显的影响因素。黄金近年来的上涨幅度很大，投资者除了可以在单边上涨的趋势中买涨获利，做空同样能够获利。黄金单位价值虽然较高，却也是一种商品，商品价格的话不可能无止境地大涨，能够抓住做空趋势获利的投资者，其实也是不错的操作手段。

第六节　IF1212 顺势交易分析

一、沪深 300 股指期货简介

沪深证券交易所在 2005 年 4 月 8 日联合发布了沪深 300 指数。该指数反映了 A 股市场整体走势，为投资者提供判断盈利效果的标准。有了沪深 300 指数这一基础产品以后，接下来的沪深300股指期货就应运而生。可以说，沪深300指数是其衍生产品沪深300指数期货的重要载体。

根据流动性和市值大小，从沪深两市中选取300只股票作为沪深300指数的成份股。该指数代表了沪深市值的60%以上，代表性和可投资性非常理想。沪深300股指期货的出现，既能满足A股支撑基金等大机构的套期保值需求，又为投资者提供了不错的买卖标的。

沪深300指数的交易代码为IF，每一点的价值高达300元，最小变动价位为0.2点。从交易时间看，沪深300指数期货的交易时间分别比沪深A股市场交易提前15分钟开盘和推后15分钟收盘。这样设置，有助于使用股指期货来稳定A股市场价格走向，提高发现价格的能力。沪深300股指期货的涨跌幅度与A股股价的波动幅度一样，都是上下10%。交易保证金一般为15%以下，考虑到股指的点位长期看涨，一张沪深300股指期货的价值会在10万元以上，这对中小投资者来讲是个不小的门槛。更何况期货交易中只能满足保证金需求，资金量显然是不够的。这也要求投资者加大资金量操作股指期货。不过对于想要利用沪深300股指期货套期保值的机构来讲，资金量并不是问题。

二、多空趋势分析

IF1303——空头趋势的压力线如图9-21所示。

图9-21 IF1303——空头趋势的压力线

IF1303 合约的日 K 线图表明，沪深 300 股指期货的下跌趋势已经在这个时候形成。图中第一个顶部位置，是股指期货跳空上涨的时候出现的。跳空上涨表面已经竭尽全力拉升，却只能在空方打压下震荡下挫。而接下来的下跌趋势线的顶部，出现了 K 线形态上的尖顶形态，也成为股指重要的高位。连接两个重要的反转位置后，投资者便可发现这样的做空机会中已经能够获得不错的回报。

三、恰当的买卖价格

IF1303——拐点线上的反弹买点如图 9-22 所示。

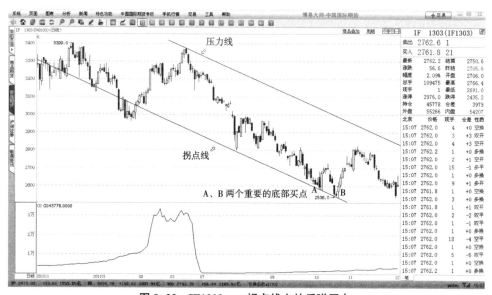

图 9-22 IF1303——拐点线上的反弹买点

IF1303 合约的下跌趋势线确认以后，图中拐点线处出现了重要的 A、B 两个位置的买点。在 IF1303 合约探底拐点线的过程中，投资者可以少量增多单数量，一旦期货价格开始加速反弹，投资者再次补仓能够获得价格反弹的利润。

考虑沪深 300 股指期货的涨跌停板为上下 10%，以 15% 的交易保证金计算，投资者理论上的获利潜力高达 66.7%，显然值得投资者抢反弹做多。

沪深 300 股指期货的合约金额较大，每一点价值 300 元。如果按照图中 A 位置对应的 2600 点计算，15% 的保证金比例，投资者也需要投入 11.7 万元。对于中小投资者来讲，已经是不小的金额了。在 IF1303 合约空头趋势中的反弹阶段做多，获利空间还是不错的。图中 A、B 两个反弹位置中，股指涨幅多达 3% 和 10% 以上，成为下跌趋势中难得的买涨获利点。

IF1303——突破拐点线、压力线的买点如图 9-23 所示。

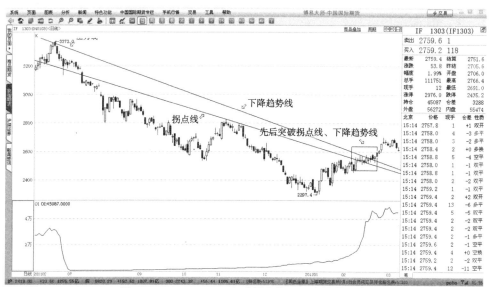

图 9-23　IF1303——突破拐点线、压力线的买点

IF1303 合约的日 K 线图中，股指在反弹过程中不仅突破了拐点线，也同时突破了下跌趋势线。图中显示，两线被先后突破以后，IF1303 合约的下跌趋势有望得到缓解。操作中，指数短线来看投资者可以开仓买涨。在空头趋势中，股指强势反弹的情况还是非常难得的。更何况 IF1303 合约已经突破了拐点线和压力线。股指期货短线可以继续反弹，买涨获利将成为可能。

IF1303——股指回落后的支撑买点如图 9-24 所示。

IF1303 合约在突破了下跌趋势线和拐点线后，短线反弹即开始再次杀跌。不过，在 IF1303 继续走弱的过程中，拐点线和压力线的交叉处，显然遇到了显著的支撑。股指在支撑作用下出现两次反弹走势。从投资者的角度看，在拐点线和压力线重合的支撑位置，投资者买涨获利是再正常不过的做法。

虽然 IF1303 已经突破了下跌趋势线和拐点线，但是股指期货的跌势并未由此结束。接下来股指继续杀跌，在跌无可跌的情况下出现了反转信号。可见，技术分析中的下跌趋势线和拐点线并非无用，只是趋势的转换是需要时间的，即便在单边下跌趋势结束的时候，IF1303 合约不会马上步入回升趋势。这样一来，考

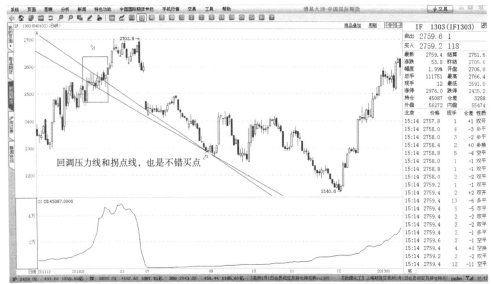

图 9-24　IF1303——股指回落后的支撑买点

验投资者的时候到了。如何在两种趋势转换的过程中把握一些买卖机会，是摆在投资者面前的重要课题。

要点提示

沪深 300 股指期货的运行趋势与沪深 300 指数的走势是联动运行的，并且涨跌幅度几乎相同，而价格的运行趋势是一致的。沪深 300 指数期货实际上是沪深 300 指数的衍生品种。沪深 300 指数反映了 A 股市场的综合价格表现，同时也是经济运行状况的晴雨表。这样的话，经济发展好坏事关股市涨跌，同时也是沪深 300 股指期货运行趋势的重要影响因素。投资者操作股指期货的时候，根据经济扩张与否的指标 PMI 来判断股指的运行趋势，是非常有效的一种方式。结合基本面的 PMI 指标的走向，以及技术层面沪深 300 指数的运行趋势，投资者便可以把握好最佳的买卖机会，并且获得不错的利润。

在明确沪深 300 股指期货波动趋势的过程中，投资者还必须清楚一点，该期货品种的一手价值较大，并且涨跌幅度高达上下 10% 以上。实战操作中，股指期货的潜在亏损风险是很大的，开仓阶段耗费资金量很大，投资者要想在这个阶段获利，应该关注开仓阶段的持仓风险。在已经获利的基础上获得股指单边运行中的利润，才是比较理智的做法。